NAVEGAR É PRECISO, CLINICAR NÃO É PRECISO

30 anos de prática psicanalítica no CPPL

NAVEGAR É PRECISO, CLINICAR NÃO É PRECISO

30 anos de prática psicanalítica no CPPL

CPPL
Recife

Ana Elizabeth Cavalcanti
Letícia Rezende De Araújo
(Orgs.)

Casa do Psicólogo®

© 2011 Casapsi Livraria e Editora Ltda.
É proibida a reprodução total ou parcial desta publicação, para qualquer finalidade, sem autorização por escrito dos editores.

1ª Edição
2011

Editores
Ingo Bernd Güntert e Juliana de Villemor A. Güntert

Assistente Editorial
Luciana Vaz Cameira

Capa
Ana Karina Rodrigues Caetano

Projeto Gráfico e Editoração Eletrônica
Sergio Gzeschenik

Produção Gráfica
Najara Lopes

Coordenador de Revisão
Lucas Torrisi Gomediano

Preparação de Original
Tássia Carvalho

Dados Internacionais de Catalogação na Publicação (CIP)
(Câmara Brasileira do Livro, SP, Brasil)

Navegar é preciso, clinicar não é preciso : 30 anos de prática psicanalítica no CPPL / Ana Elizabeth Cavalcanti, Letícia Rezende de Araújo (orgs.). -- São Paulo : Casa do Psicólogo®, 2011.

Bibliografia.
ISBN 978-85-8040-126-4

1. Artigos psicanalíticos - Coletâneas 2. Centro de Pesquisa em Psicanálise e Linguagem (CPPL) 3. Psicanálise 4. Psicologia clínica I. Cavalcanti, Ana Elizabeth. II. Araújo, Letícia Rezende de.

11-12927   CDD-150.195

Índices para catálogo sistemático:
1. Artigos psicanalíticos : Coletâneas 150.195

Impresso no Brasil
Printed in Brazil

As opiniões expressas neste livro, bem como seu conteúdo, são de responsabilidade de seus autores, não necessariamente correspondendo ao ponto de vista da editora.

Reservados todos os direitos de publicação em língua portuguesa à

Casaspi Livraria e Editora Ltda.
Rua Simão Álvares, 1020
Pinheiros • CEP 05417-020
São Paulo/SP - Brasil
Tel. Fax: (11) 3034-3600
www.casadopsicologo.com.br

Precário, provisório, perecível;
Falível, transitório, transitivo;
Efêmero, fugaz e passageiro
Eis aqui um vivo, eis aqui um vivo!
Impuro, imperfeito, impermanente;
Incerto, incompleto, inconstante;
Instável, variável, defectivo
Eis aqui um vivo, eis aqui...
E apesar...
Do tráfico, do tráfego equívoco;
Do tóxico, do trânsito nocivo;
Da droga, do indigesto digestivo;
Do câncer vil, do servo e do servil;
Da mente o mal do ente coletivo;
Do sangue o mal do soro positivo;
E apesar dessas e outras...
O vivo afirma firme afirmativo
O que mais vale a pena é estar vivo!
É estar vivo
Vivo
É estar vivo
Não feito, não perfeito, não completo;
Não satisfeito nunca, não contente;
Não acabado, não definitivo
Eis aqui um vivo, eis-me aqui.
Lenine – *Vivo*

Toda vez que eu dou um passo o mundo sai do lugar.
Siba

Aos nossos clientes

Sumário

Agradecimentos 11

Prefácio 13
Flávio Carvalho Ferraz

1 A atualidade da psicanálise 17
Maria Helena de Barros e Silva, Ana Elizabeth Cavalcanti

2 A sindromização nossa de cada dia 37
Ana Maria Rocha de Oliveira

3 Autismo e condição humana: sobre as práticas
comportamentalistas e psicanalíticas 55
Ana Elizabeth Cavalcanti, Letícia Rezende de Araújo

4 Winnicott e o viver criativo 65
Ana Elizabeth Cavalcanti

5 O humor como experiência transicional 77
Ana Maria Rocha de Oliveira

6 Algumas considerações sobre a constituição psíquica 99
Paulina Schmidtbauer Rocha

7 Questão de gosto 117
Ana Elizabeth Cavalcanti

8 Psicoterapia de grupo: entrelaços 129
Valéria Aguiar Carneiro Martins

9 Meu tempo é hoje: adolescência, temporalidade
e subjetivação 141
Maria Cicília de Carvalho Ribas

10 A sabedoria perdida dos pais e as certezas dos especialistas 151
Ana Elizabeth Cavalcanti

11 Contribuições psicanalíticas para repensar a função
educativa da escola 163
Valéria Aguiar C. Martins

12 *Bullying*: compartilhando cuidados 175
Bruna Vaz de Almeida

13 A invenção da transexualidade 187
Letícia Rezende de Araújo

14 Na companhia de meninos e lobos 215
Antonio Ricardo da Silva

15 Das atrocidades de um homem comum:
reflexões sobre o caso Eichmann 229
Rafaela Duque de Andrade

Sobre os Autores 245

Agradecimentos

A Flávio Carvalho Ferraz, pelo apoio e pelo generoso prefácio.

Aos nossos leitores Aída Novelino, Bernardo Mora Trespalácios, Marcelo Bouwman, Rosa Pereira, Silvia Gusmão, Suzana Boxwell e Teresa Campello, que, gentil e solidariamente, se dispuseram a discutir conosco os nossos textos.

A Grace Farias, Flávio Batista, Aldineide Viana, Cláudia Gomes, Monique Viana, Rosalvo Marques, Pedro Bidóia e Divaneide de Lima, nossos fiéis colaboradores, porque sem o seu apoio não seria possível o nosso trabalho.

A Francisco Cunha, que, durante esses anos, nos tornou melhores gestores da nossa instituição.

Aos nossos amigos, colaboradores e instituições parceiras que tiveram e mantêm um lugar decisivo em nossa história.

Por fim, aos nossos familiares, presença constante e solidária em todas as nossas realizações.

Prefácio

O livro que o leitor tem em mãos pode ser encarado em duas dimensões, se não mais. Na primeira delas, trata-se de uma coletânea de textos que têm como elemento de unidade o fato de serem artigos psicanalíticos escritos por analistas ligados ao Centro de Pesquisa em Psicanálise e Linguagem (CPPL) de Recife. São textos importantíssimos pela densidade das suas proposições, pela experiência clínica que veiculam e por compartilhar uma certa visão do sujeito humano e da psicanálise. Trataremos disso logo mais. Antes, gostaria de dizer que a segunda dimensão desta obra diz respeito a seu lugar como instrumento de celebração e de afirmação, a um só tempo. Celebração pelos trinta anos de atividade do CPPL, e afirmação – ou reafirmação, já que outros escritos há muito têm sido publicados pelos autores – de um ponto de vista institucional sobre o sujeito humano, seu sofrimento psíquico, os condicionantes psicossociais que o engendram e a ética da intervenção terapêutica possível.

Há muito o grupo que sustenta o CPPL tem dado mostra de seu vigor clínico, teórico e formador. Outras publicações – que não cabe mencionar por ser notórias – já vêm há anos testemunhando um trabalho institucional consequente e engendrado no âmbito de um coletivo de profissionais que comungam um ideário psicanalítico crítico. Para os autores deste livro, o propósito de desalienação dos sujeitos não é apenas uma palavra de ordem vaga – como o foi em diversas instituições psicanalíticas no decorrer da história –, mas um difícil desafio do qual não se pode abrir mão no dia a dia da clínica. É por essa razão que os conceitos da psicopatologia, particularmente o de autismo, são tomados aqui sob um prisma crítico que, à moda da melhor tradição intelectual, disseca os pressupostos de base que engessam os sujeitos em uma posição em que estes correm o risco de, exatamente, deixar de ser plenos sujeitos.

Diante da dificuldade representada pelas formas radicais do sofrimento humano, matéria cotidiana dos clínicos-autores, o livro reitera, já no início, sua crença na atualidade da psicanálise. Além de trazer aspectos da história institucional do CPPL, já em seu capítulo de abertura o livro situa o leitor, com precisão, no campo que se descortinará a partir da leitura de cada um dos artigos subsequentes. Com todo o rigor crítico, aliado à delicadeza clínica, desvelam-se os riscos contidos nos termos diagnósticos, que podem trazer efeitos paralisantes e alienantes sobre a vida psíquica dos sujeitos, classificados que são com *nomes* de doenças que aspiram à promoção a categorias extralinguísticas! Impressiona-nos como essa postura vai na contracorrente da compulsão classificatória da psiquiatria contemporânea, ávida por diagnosticar, mas cada vez mais distante da compreensão das subjetividades... Aqui, ao contrário, cuida-se de não negar a subjetividade em nenhum momento, seja como pressuposto ético, seja como determinação metodológica. O sujeito é visto como resultado do processo singular que o engendrou, situado ontogeneticamente no seio de uma família que o constitui e que, por sua vez, se encontra, ela própria, inserida numa cultura que lhe fornece as balizas.

No que toca ao tratamento que o conjunto dos autores dá ao pensamento psicanalítico, vemos a reprodução coerente de um modo elevado e livre de pensamento: assim como não se alienam pacientes em teorias nem em tratamentos psíquicos, os autores clássicos da psicanálise também não são enquadrados nos preconceitos que os cercam, num procedimento que está nas antípodas do que já vimos ocorrer dentro

Prefácio

da pior tradição de rivalidade de escolas, que tanto empobrece a inteligência e a criatividade...

É um alento para o leitor perceber como Freud, Melanie Klein, Lacan e Winnicott, entre outros, são lidos com a justa e necessária abertura, sem apego a dogmatismos que impedem a detecção dos aspectos geniais de cada um deles. Falando de modo muito pessoal, eu posso dizer que já reconhecia tal postura, a partir da minha experiência nos contatos que mantive com os profissionais do CPPL em outros momentos, nos quais pudemos discutir teoria e clínica psicanalíticas.

Sabemos à exaustão que não é incomum que a obra de um autor seja inteiramente desperdiçada por aqueles que se filiam a uma orientação diferente. Nesse sentido, é muito agradável verificar a existência de autores que agem com inteligência e respeito, resgatando o mérito de psicanalistas capitais, que marcaram indiscutivelmente a trajetória da psicanálise e de suas múltiplas instituições. Exemplifico: mesmo deixando entrever uma concordância maior com a visão lacaniana do descentramento do sujeito, não se esquece do gênio clínico de Melanie Klein. Chegamos, por intermédio deste livro, a ver como ela era mais aberta, em relação ao papel do outro na gênese do sujeito, do que aquilo que se costuma propalar sobre ela! Do mesmo modo, ainda que reconhecendo toda a relevância de um autor como Loparic – e assimilando diretamente suas elaborações –, evita-se apostar na ideia de que a psicanálise winnicottiana rompeu com o paradigma freudiano. Antes, a visão que aqui se esboça opta por um zelo epistemológico que mapeia as continuidades teóricas, e Winnicott pode ser vislumbrado em sua relação independente e direta com Freud. Nada a se estranhar nessa postura, uma vez que já se anuncia, de partida, que este grupo optou por companheiros de jornada da estatura e da dignidade intelectual de autores como Jurandir Freire Costa e Joel Birman, entre outros da mesma lavra.

O compromisso com o método de pensamento que situa o sujeito na família e na cultura é levado às últimas consequências pelos autores desta coletânea. Diga-se de passagem, isso impressiona positivamente pela nitidez com que aparece um ponto de vista institucional e coerente, que só pode ter sido fruto de muito trabalho coletivo no sentido do processamento de teorias e do compartilhamento de experiências. É assim que a temática do livro, solidária a esta postura "política" – por que não dizê-lo? – desliza com naturalidade e sem solução de compromisso rumo a uma clínica expandida para além do consultório convencional. Vemos, então, perfilarem-se reflexões sobre o grupo e seu valor terapêutico, a adolescência na contemporaneidade e suas vicissitudes, a tensão entre o saber do especialista e o dos pais, a escola, o *bullying*, a transexualidade e até sobre a patologia social que emerge na guerra! E ficamos com a convicção de que, ao se mudar de tema, não se mudou de assunto, pois a lógica entre as formações da cultura e o sofrimento dos sujeitos desvela-se candidamente aos nossos olhos.

Penso que tudo que disse até agora não representará novidade alguma ao leitor atento, visto que a postura intelectual dos autores, a qual procurei ressaltar, estará visível, livre de nevoeiros. Resta-me apenas dizer que, para mim, é uma honra enorme apresentar um conjunto de textos como estes e, por extensão, apresentar uma instituição que dispensaria apresentação! E, evidentemente, parabenizar o CPPL e sua equipe e desejar que continuem trabalhando e produzindo sempre com essa visão arejada do ser humano, da cultura, da teoria e da clínica.

Flávio Carvalho Ferraz
São Paulo, agosto de 2011.

1

A atualidade da psicanálise

Maria Helena de Barros e Silva
Ana Elizabeth Cavalcanti

Este trabalho é o resultado de reflexões teórico-clínicas que vimos empreendendo em nossa trajetória no CPPL. Ele é absolutamente tendencioso. É uma tomada de posição, no campo das teorias psicanalíticas, com um objetivo previamente definido: fazer construções que nos possibilitem avançar na pesquisa que aqui empreendemos acerca das questões clínicas que nos colocam o nosso trabalho institucional com crianças, adolescentes e jovens adultos.

Essas crianças e jovens apresentam, nos seus processos de amadurecimento, diversas formas de expressão subjetivas, muitas delas caracterizadas por graves dificuldades na relação que estabelecem com aqueles que os cercam, resultando em sofrimento para cada um deles e para suas famílias. Tradicionalmente, são quadros que poderiam ser definidos, num campo sintomático, expressos na categoria nosográfica do autismo infantil e das psicoses infantis precoces. Essa questão diagnóstica, porém, requer uma conversa.

Há alguns anos temo-nos interrogado acerca das questões éticas que se colocaram a partir da designação de Kanner do autismo como categoria diagnóstica. Isso porque percebemos, de forma crescente em nossa clínica, como esse diagnóstico tem impedido os pais de manterem uma crença na possibilidade de subjetivação dos seus filhos ditos autistas, marcando, dessa forma, de maneira incontestável, um destino para estes.

No nosso percurso clínico, temos tentado desconstruir uma tradição psicanalítica que, a partir de referências normativas, descreveu a criança autista de forma negativizada, ou seja, aquela que não tem linguagem, não se comunica afetivamente, não interage com o mundo.

Mais recentemente, fizemos uma crítica sistemática à concepção veiculada em algumas práticas médicas e psicoterápicas, as quais entendem o autismo como uma síndrome congênita, de ordem neurobiológica, desconsiderando a possibilidade de qualquer modificação subjetiva decorrente da intervenção do meio ambiente. Nessa perspectiva, vêm criando-se soluções clínicas de "domesticação", visando à adequação do comportamento das crianças às exigências normativas, sem levar em consideração a sua singularidade e criatividade, destituindo-as, assim, da condição de sujeito[1].

****

O propósito deste trabalho é, portanto, repensar os pressupostos teóricos psicanalíticos, mapeando o campo de amarrações conceituais que produzam universalizações, e, dessa forma, perfilarmo-nos junto a autores cuja produção permita pensar a constituição das subjetividades marcadas pelo acaso e pelas contingências, livres das amarras que os fundamentos transcendentais nos impõem. Este é um propósito regido por uma ética, e, com isso, queremos ampliar a nossa capacidade de descrição das subjetividades e melhor compreender as expressões do sofrimento psíquico.

Com este objetivo, fizemos uma releitura de algumas posições no corpo teórico freudiano e nas tradições que dele resultaram, fundadas numa certa leitura de Freud empreendida por M. Klein e Lacan, e outra tradição, nascida a partir de Ferenczi[2] (Figueiredo, 2002), que

---

[1] Sobre esse assunto ver, Rocha (1997) e Cavalcanti e Rocha (2001).

[2] Essas posições foram formuladas por Luís Cláudio Figueiredo em um curso apresentado no CPPL e posteriormente publicado na *Revista Brasileira de Psicanálise* (Figueiredo, 2002).

influenciou o pensamento de teóricos como Balint, Bion e Winnicott. Esses autores privilegiaram pontos de partida específicos da teoria freudiana, com consequências absolutamente diversas nos desdobramentos teóricos por eles empreendidos.

Para este trabalho, tivemos diversos interlocutores, dentre eles Joel Birman, Jurandir Freire Costa, Benilton Bezerra, Luís Cláudio Figueiredo, Otávio de Souza e Zeljko Loparic, nossos principais parceiros nesta empreitada.

A leitura de Birman[3] possibilita-nos o encontro com vários "Freuds", ou pelo menos dois. O primeiro, por meio do conceito do inconsciente, faz operar uma expressiva torção na concepção de sujeito vigente até então, produzindo uma fissura radical no sujeito concebido como sujeito da razão. Dessa forma, a partir dos primeiros escritos de Freud, confrontamo-nos com a proposição de um sujeito dividido, sem domínio sobre os seus atos.

No entanto, nem tudo ainda estava perdido. Embora marcado pelo conflito resultante das forças pulsionais que o dominam – de um lado as pulsões sexuais, marcadas pelo desejo e, de outro, as pulsões de autoconservação, que garantem a preservação da vida, resta um ego, senhor da consciência e senhor de si, que, por meio do mecanismo do recalque, salvaguarda o homem das forças demoníacas do sexual e restabelece a ordem racional.

Senhor do seu tempo, Freud não pôde abrir mão de uma leitura cuja base se assentava numa crença iluminista, o que fez com que formulasse a capacidade do homem de sustentar-se num dos polos – o da razão consciente.

É importante ressaltar a preponderância, nesse primeiro Freud, do lugar que ocupa o conflito, o recalque e a representação no

---

[3] Ver Joel Birman (1995, 1996, 1997, 2006) sobre os conceitos do inconsciente, do narcisismo e da pulsão de morte.

funcionamento psíquico. Poderíamos imaginar que, ainda impregnado pela formulação de um trauma real na origem do conflito, Freud acreditava que as representações do desejo infantil recalcado estariam lá, intactas, como expressão ideativa recalcada da pulsão e poderiam, assim, serem resgatadas. O analista teria a função de um arqueólogo que, por um laborioso trabalho, poderia resgatar a representação recalcada, *per via di levare* (Costa, 1994), e ligá-la ao afeto mobilizador da angústia. Por meio da escuta do inconsciente, o analista encontraria as peças do quebra-cabeça, dissolvendo, assim, as motivações inconscientes que fariam emergir o conflito.

Os trabalhos de Freud, desenvolvidos até o período que antecede a formulação do narcisismo, pressupõem não apenas um lugar de destaque ao conflito e ao recalque, como organizadores da subjetividade, mas também uma crença num certo determinismo marcado pela ênfase dada à representação.

A partir de 1914, outra grande reviravolta se opera na concepção de sujeito que ancorava os pressupostos freudianos até então. Como sabemos, as questões vão complexibilizar-se enormemente quando ele formula o conceito de narcisismo. Porque o ego, antes postulado como uma instância autônoma e livre das intempéries da sexualidade, passa, nesse momento, a ser concebido no campo da pulsão, marcado inexoravelmente pelo sexual. O que nos importa ressaltar aqui são as profundas mudanças operadas a partir da concepção da segunda tópica e das reformulações teóricas que se deram no campo das pulsões.

A partir desse momento, podemos, então, pensar num segundo Freud, como formula Birman (1995), porque as consequências teóricas, a partir de tais reformulações, são enormes e permitem pensar o ato psicanalítico de um outro lugar. A metáfora para definir o lugar do analista não pode mais ser aquela do arqueólogo que, pela *via di levare*, alcançava as profundezas do desejo e reencontrava a representação perdida. Não é

A atualidade da psicanálise 21

mais possível atribuir uma relação unívoca entre a representação-coisa e a representação-palavra. A primazia da dimensão representacional é posta em questão com a formulação da pulsão de morte.

Muito nos ajuda acompanhar as concepções de Freud acerca do mal-estar, para compreendermos as mudanças que se operaram nesse momento teórico. Como nos mostra Birman, o mal-estar sempre esteve presente no percurso teórico de Freud, não se restringindo a uma inserção tardia em *O mal-estar na civilização*. Já em 1908, com "A moral sexual civiliza   a e a doença nervosa dos tempos modernos", Freud teria tratado a ques io do mal-estar partindo, também nesse texto, da crença na existência d uma oposição entre os registros da pulsão e da civilização como fonte do mal-estar. No entanto, diz Birman, são muito diversas as formas por ele encontradas para regular o mal-estar.

No primeiro momento, Freud supõe que, levando-se em consideração o discurso científico produzido pela psicanálise acerca da sexualidade, aliado a seus ensinamentos, o homem poderia proceder "à cura" desse mal-estar. Por meio do processo sublimatório, seria possível superar o conflito resultante da sexualidade perverso-polimorfa – pela via do recalque – e, dessa forma, renunciar à satisfação erógena. Assim, é na perspectiva de uma criatividade secundária que se constituiria a civilização, desta resultando a criação da cultura, da ciência e da arte. Impregnado pelo espírito iluminista, Freud postula, portanto, um discurso científico capaz de superar o mal-estar.

É apenas bem posteriormente, em 1930, que ele irá formular o mal-estar como algo insuperável. Com a desilusão quanto aos efeitos da cura, por meio da qual o sujeito apenas se confrontaria com a rocha da castração, este, concebido por esse novo modelo teórico, é perpassado pela pulsão de morte, estando, desse modo, submetido a um mundo radicalmente sem ancoragem representacional. Há uma dimensão do não sentido, próprio da condição humana, que confronta o homem com o desamparo que lhe é inerente.

O Freud cientificista que supunha uma (des)ordem passível de ser desvendada pelo ego racional, confronta-se com a dimensão trágica do homem. Uma outra ordem, diz Birman (1996), agora ética, vem suplantar a crença iluminista de Freud no discurso científico. Surge uma abordagem permeada por uma perspectiva estética. Frente à impossibilidade de cura para o mal-estar, é no espaço social que o sujeito pode realizar a gestão de si.

Partindo da construção da subjetividade, para a cual usa o modelo da neurose como referência, concebe a constituiç o do psiquismo atravessada pelo conflito, resultante do dualismo pul onal – as pulsões sexuais e de autoconservação, no primeiro momento, e, logo, pulsões de vida e pulsões de morte. Nesse modelo, como poderíamos pensar o lugar do outro e da cultura na teoria freudiana?

Decerto a resposta seria outro trabalho e exigiria que fizéssemos um percurso nos textos em que Freud trata da cultura e da noção de desamparo. Porém, brevemente, podemos pensar que, no primeiro Freud, o lugar do outro possui uma magnitude traumática. É pela via da sedução primária que o sujeito vai constituir-se, inserir-se numa cadeia determinada pelos desejos, dos quais vai ter de dar cabo pelo resto de sua vida. Instala-se, dessa forma, o inconsciente – por meio do mecanismo do recalque –, e este irá, incessantemente, fazer-se valer e levar o sujeito em busca da completude, imaginariamente tida e logo perdida.

Nesse momento de sua obra, Freud acreditava, como já vimos, na possibilidade de resolução do mal-estar resultante do conflito. Vimos também como a sublimação oferecia as condições de possibilidade de, na cultura, encontrar-se outra via de satisfação que não fosse pela do conflito sintomático. No entanto, com a desilusão frente à possibilidade de o sujeito encontrar, no mundo, ancoragem para o seu sofrimento, Freud vai possibilitar a leitura do sujeito do desamparo – conceito permeado por uma leitura econômica, na qual este se encontra sempre

A atualidade da psicanálise 23

instigado pela pulsão de morte, na medida em que esta é uma pulsão sem representação (Birman, 1995) –, que busca, incessantemente, novas possibilidades de sentidos que lhe permitam fazer face ao desamparo que lhe é inerente. Esse é um momento decisivo para a quebra da primazia da visão representacional, e, consequentemente, para a quebra do determinismo dessa perspectiva. Isso porque, a partir do momento em que a ordem do psiquismo é pensada no registro econômico, instala--se o indeterminismo, posto que a pulsão é força e requer um trabalho de simbolização, de criação e de sustentação representacional. Nessa perspectiva, o lugar do outro e o da cultura seriam, além de traumáticos, insuficientes. No entanto, é nesse mesmo tempo que se efetiva a afirmação da dimensão intersubjetiva para a constituição do psiquismo, na medida em que somente a partir da relação com o outro se realiza o trabalho de constituição de sentidos para o sujeito. Com esses novos elementos teóricos, o processo analítico terá de ser pensado numa outra vertente, agora com uma ênfase maior na transferência e na construção.

A partir dessa leitura se pode, então, pensar um segundo Freud, não mais revestido por uma aura de cientificismo, o que pode possibilitar uma visão de homem regida por uma ética que pressupõe possibilidades de construções plurívocas. Abre-se assim ao sujeito um vasto campo de possibilidades de construção estética de si.

$$* * * *$$

Dois autores seguem a tradição freudiana e fazem escolas: Melanie Klein e Jacques Lacan. Não é nosso objetivo acompanhar o desenvolvimento de suas teorias, o que implicaria um projeto de muito maior envergadura. Pretendemos, apenas, situar alguns pontos que vão ajudar--nos em nossa construção, objetivando estabelecer de que modo cada um deles pensa a relação eu-outro/homem-cultura.

Os dois grandes teóricos da psicanálise reconhecem nitidamente a pulsão de morte em suas formulações, ou seja, partem do Freud que já operara a grande virada de 1914 e reconhecem as formulações decorrentes da segunda teoria das pulsões, que Freud operara em 1920, com a teorização da pulsão de morte; dão, entretanto, destinos inteiramente diversos a esse construto em suas teorias.

Melanie Klein entende a pulsão de morte na sua acepção primeira, restringindo sua expressão à noção de destrutividade. Atribui a esta, assim como à inveja, ao ego e às fantasias inconscientes um caráter de constituição inata, fundamento constitucional do psíquico, afirmando para estes uma posição central na constituição da subjetividade.

Na medida em que afirma a expressão da pulsão apenas por meio do objeto, sendo, portanto, indissociável deste, Klein reafirma uma ênfase representacional à constituição do psiquismo, pois, nessa perspectiva, a pulsão estará sempre ligada a uma representação. Dessa forma, ela privilegia o enfoque dinâmico do primeiro Freud, não dando ênfase aos aspectos econômicos (Barros, 1991), reforçando, assim, a dimensão imaginária da constituição do sujeito.

A afirmação de um ego rudimentar, existente no psiquismo deste os primórdios, produz um recentramento dessa instância que volta a assumir um lugar central no psiquismo. Portanto, Klein deixa de valorizar o importante descentramento que se deu a partir da formulação do narcisismo, resultante da afirmação da pregnância sexual que incide sobre o ego. Faz, então, um retorno às postulações de Freud anteriores à segunda tópica, positiva novamente essa instância e reafirma a sua função defensiva. O ego volta, assim, a assumir uma dimensão identitária e ocupa, novamente, um lugar central na constituição do psiquismo. Esta será uma grande batalha travada entre Winnicott e Melanie Klein. Para o primeiro, o ego só se constituirá na relação com um meio ambiente que forneça os cuidados suficientes e tenha um manejo adequado frente às necessidades vitais do bebê. Para Winnicott (1990), Klein desconhece, absolutamente, a importância do meio ambiente nesta constituição.

Freud constrói uma leitura do psiquismo, tendo como modelo a histeria e os conflitos que ali se desenrolam, o que fará com que coloque o recalque como centro e fundamento de toda constituição psíquica. Nesse mesmo caminho, Klein parte de um quadro psicopatológico, a esquizofrenia infantil, e formula uma teoria sobre os mecanismos intrapsíquicos baseada nos mecanismos que agem nessa patologia, tomando-a como forma de organização universal, o que impede que possamos tanto compreender o sujeito em sua singularidade como positivizar a diversidade de formas de subjetivação possíveis. É somente quando se pensa a subjetividade livre das amarras criadas pelos fundamentos que podemos ampliar as possibilidades de descrições das formas de ser e de estar no mundo.

A teoria de Klein põe em destaque o lugar do objeto interno e da experiência emocional decorrente das relações primárias com o próprio objeto, ressaltando a qualidade ansiógena dessas relações, marcadas pela ansiedade relativa ao ódio primitivo, constitutivo das relações de objeto. A ansiedade encontra-se, portanto, no centro da sua concepção sobre o psiquismo, decorrente da prevalência da pulsão de morte em sua teoria.

Para ela, a subjetividade forja-se numa esfera de interioridade – um mundo interno povoado de fantasias, objetos bons e maus –, numa luta empreendida pelo sujeito frente à experiência emocional ansiógena, resultante da relação com os objetos internos. O psiquismo constitui-se, assim, por mecanismos defensivos criados pelo ego – a introjeção/ projeção e as cisões – para fazer face à angústia. O trauma é visto, nesse modelo, como constitutivo da subjetividade[4].

Qual, então, o lugar do outro nessa construção?

---

[4] Otávio de Souza, em palestra realizada no Ciclo Winnicott, no CPPL (2002), sobre "A noção de sujeito em Freud e Winnicott".

Quando Melanie Klein sustenta uma similaridade entre a constituição do psiquismo e aquela da estrutura psicótica – a posição esquizoparanoide colocada no âmago de toda construção subjetiva –, consequentemente o outro é concebido como objeto persecutório, sendo a relação com o mundo sempre ameaçadora. Há, portanto, uma pregnância imaginária na constituição do psiquismo, na qual fica demarcada uma situação de oposição na relação eu-outro.

****

Veremos agora o quanto essa posição aproxima-se das proposições feitas por Lacan. As posições aqui formuladas seguem, principalmente, as ideias apresentadas por Otávio de Souza em uma série de palestras realizadas no Ciclo Winnicott, no CPPL (2002), assim como as concepções advindas das leituras produzidas por Benilton Bezerra (1994), autor que, entre outros, nos possibilitou estas reflexões.

Como veremos, o descentramento do sujeito será aprofundado por Lacan. Ele privilegiará as posições teóricas formuladas por Freud no segundo tempo de sua obra e dará grande pregnância, como Melanie Klein, à pulsão de morte. Porém, diferentemente dessa autora, apreende desse conceito a sua dimensão de força irrepresentável, privilegiando a perspectiva econômica. Dessa forma, radicaliza o corte na concepção representacional, especificamente quando propõe a instância do *real*, pois o pulsional se encontra na ordem do não sentido.

Esse corte é produzido, ainda, pela sua concepção de linguagem. Para ele, segundo Bezerra (1994), a linguagem,

> . . . longe de ser entendida como um meio de expressão de sentidos previamente existentes na mente . . . é apresentada como uma estrutura, matriz ela própria a-semântica de todas as significações possíveis . . . Não

há, portanto, sentidos prévios à operação da linguagem. Ao contrário, é esta que permite a existência de significação na medida em que fornece elementos – os significantes – que possibilitam a inscrição simbólica dos estímulos sensoriais, da experiência "em estado bruto". (p. 133)

A linguagem não tem, nessa concepção, nenhuma dimensão reveladora do existente; bem ao contrário, é condição de sua existência. Lacan vai ampliar, de forma radical, a dimensão do outro na constituição da subjetividade. Para ele, as relações não acontecem no âmbito da interioridade, como em Melanie Klein; ao contrário, ele formula que a subjetividade se constitui numa dimensão de exterioridade, mediatizada pelo Outro. Somos, portanto, marcados, em contato com um outro falante, pela estrutura da língua que, em si, não possui significação, sendo isso o que assegura a possibilidade de significação (Bezerra, 1994). Assim, Lacan formula uma dimensão intersubjetiva desde os primórdios, ou seja, o Outro é condição de possibilidade à constituição do sujeito.

De forma bastante simplificada, podemos dizer que a teorização lacaniana propõe a constituição da subjetividade tendo a linguagem como estatuto fundante do sujeito, dando uma importância radical ao campo da intersubjetividade. No entanto, enfatiza a dimensão do outro de tal forma, que chega a formular o eu como uma instância de alienação ao Outro – produtor de significantes. Para ele, o ego é, antes de mais nada, um engodo, construção imaginária determinada pela injunção do Outro.

A paranoia será referência e marcará profundamente a concepção de Lacan sobre o lugar do eu e do Outro. O lugar ocupado pelo Outro, embora condição de possibilidade da emergência de um sujeito, constitui-se numa dimensão de intrusão, segundo o modelo hegeliano do senhor-escravo. Não há como fugirmos às injunções inconscientes do

Outro – que fornece a vida e a possibilidade de inserção numa condição de humanidade. Estamos marcados, dessa forma, por uma alienação ao desejo do Outro, numa condição de assujeitamento.

Contrapondo-se ao sujeito psicológico, Lacan irá propor o sujeito do inconsciente, expressão do vazio fundamental, e, desse modo, reforça a concepção ontológica do desamparo.

O espaço analítico, a partir da leitura do eu como engodo e do inconsciente como falta – intervalo entre os significantes –, irá produzir um enquadramento peculiar, no qual a direção da cura é criar as condições para o sujeito defrontar-se com o vazio de si, retirar as camadas identitárias do eu e, assim, poder conceber-se como sujeito do desejo. Desejar é o que nos resta, desejar intransitivamente, como diz Calligaris (1991), como forma de fazer face à dimensão do vazio e da alienação.

✳✳✳

Vejamos, agora, a contribuição de Donald W. Winnicott.

Uma importante discussão teórica foi aberta a partir da leitura de Winnicott realizada por Zeljko Loparic (1996). Segundo ele, Winnicott teria produzido uma reviravolta conceitual na psicanálise, o que permitiria falar-se na constituição de um novo paradigma, no qual o sexual não estaria no centro da constituição do indivíduo, mas, sim, os cuidados maternos. Winnicott possibilitaria, desse modo, pensar os pressupostos psicanalíticos por uma outra ordem, na qual se daria um importante deslocamento do Édipo como eixo fundante do psiquismo. Essa leitura, entretanto, não é hegemônica; respondendo a essa posição, Figueiredo (2002) vai defender a inserção de Winnicott em uma tradição nascida com Sándor Ferenczi, polêmica, porém, que não nos coloca problemas; concordamos que as elaborações teóricas de Winnicott encontram sua raiz ora em Freud, ora em Ferenczi, ora ainda em

Klein. O próprio Winnicott diz que o novo está sempre ancorado na tradição. No entanto, a leitura de Loparic possibilita-nos ressaltar a novidade e a originalidade do texto winnicottiano, naquilo em que ele avança e se contrapõe a esses autores.

Winnicott foi pediatra antes de ser psicanalista e, portanto, esteve, sistematicamente, em contato com os bebês e suas mães e pôde observar muito de perto o processo de desenvolvimento da criança e a relação mãe-bebê estabelecida precocemente, circunstância que terá, como veremos, grande repercussão no seu pensamento. Foi pelo contato com o livro de Freud sobre a interpretação dos sonhos que ele descobriu a psicanálise, entrando, a partir daí, em tal campo de pesquisa. Ocupou um lugar importante no cenário da psicanálise britânica e, frente às disputas marcantes entre o grupo dos kleinianos e anna-freudianos, ele posicionou-se de forma equidistante, formando, juntamente com outros analistas, o *middle group* (Phillips, 2006).

Muito ligado a Klein, com quem fez supervisão e de quem utilizou vários conceitos, embora tenha dado a estes uma roupagem bem pessoal, Winnicott atribui uma valorização ao interesse dado por Klein ao funcionamento da vida psíquica, assim como a sua proposição de fases pré-edípicas na constituição do psiquismo. No entanto, critica fortemente não só a hegemonia dada à fantasmática psíquica na constituição da subjetividade, como também o fato de ela não ter atribuído importância ao meio ambiente na constituição subjetiva. Fez ainda uma crítica à técnica kleiniana, afirmando que esta não respeitaria a singularidade do indivíduo. Por fim, foi um feroz crítico do sectarismo engendrado pelos seguidores do kleinismo.

Quanto a Anna Freud, Winnicott apoia o respeito dado por ela à individualidade e à singularidade da criança, assim como suas preocupações com a educação e a socialização; critica, entretanto, sua desvalorização do registro pré-edípico na constituição psíquica.

Outra grande influência no pensamento de Winnicott foi Darwin. Segundo Denis Ribas (2000), Winnicott teria sido grande leitor desse autor, cuja influência se faz notar, especificamente, quando atribui, em sua obra, um lugar de destaque ao papel do meio ambiente sobre o desenvolvimento da personalidade. Para ele, ". . . se a capacidade de desenvolvimento e o potencial criativo da criança não encontrarem um meio ambiente favorável, serão destruídos e desaparecerão"[5] (Ribas, 2000, p. 23). É nesse sentido que Winnicott se contrapõe à prioridade dada por Klein ao mundo interno.

Como referido anteriormente, o fato de Winnicott ter iniciado sua vida profissional como pediatra tem consequências importantes em sua obra, a começar pelo fato de não descrever o desenvolvimento do indivíduo tomando como parâmetro o funcionamento psicopatológico. A doença, para ele, não significa absolutamente ausência de sintomas; estes fazem parte do processo de amadurecimento. Esfumaçando, dessa forma, a fronteira existente entre a saúde e a doença, o autor acredita que o adoecimento se expressa pela ausência de fusão entre a psique e o soma e pela perda da dimensão criativa do indivíduo, o que acontece quando as falhas do meio ambiente são superiores às possibilidades de elaboração do indivíduo.

A noção de criatividade tem um lugar de destaque em Winnicott (1975), sendo a chave para o sentimento de que a vida vale a pena ser vivida. Diferentemente de Freud, ele postula a criatividade primária, resultante do encontro da mãe com o bebê no campo da ilusão. Quando "tudo corre bem", como costuma dizer, a mãe vai ao encontro do gesto do bebê, de forma que este possa criar o objeto subjetivamente, para então poder encontrá-lo depois, no mundo (Winnicott, 1975).

---

[5] Tradução própria.

Winnicott possibilita uma interpretação da relação eu-outro/ homem-cultura, a partir de bases inteiramente diferentes daquelas formuladas por Freud, Klein e Lacan.

Quando trabalha o processo de amadurecimento, Winnicott enfatiza os níveis de dependência do indivíduo, de um lado, e, de outro, a capacidade de o meio ambiente adaptar-se ativamente às suas exigências. É por meio da adaptação ativa da mãe, quando esta tem as condições psíquicas de identificar-se com o pequeno ser, que o bebê vai poder deixar fluir o seu potencial herdado. Se as coisas assim funcionam, ela poderá ir ao encontro do gesto espontâneo do bebê, propiciando-lhe viver a experiência de onipotência, que é possibilitada pela dimensão da ilusão. Por intermédio de tal dimensão o bebê vai sentir-se criador do mundo e entrar em contato com este, dentro da sua órbita de onipotência. Isso significa que o meio ambiente, dadas essas condições, não será invasivo, permitindo, dessa forma, que seja mantida a linha de continuidade do ser. As experiências de ilusão/desilusão, se vividas no ritmo próprio à dependência do indivíduo, oferecem as possibilidades de um viver criativo (Winnicott, 1975, 1978).

A posição do bebê na relação com a mãe não será, portanto, de submissão; ele estará protegido da invasão do inconsciente materno, em decorrência da identificação desta com o pequeno ser. Nas palavras de Khan (1963): "O papel da mãe como escudo protetor defende o bebê contra o amor e o ódio subjetivos e inconscientes da mãe, e assim permite que sua empatia perceba ao máximo as necessidades infantis" (p. 64). Essa capacidade de identificação da mãe é formulada por Winnicott (1978) como a *preocupação materna primária* e, nessa perspectiva, a relação mãe-bebê será vivida como um encontro, permeado pela ilusão de indiferenciação. Pode pensar-se, desse modo, a relação eu-outro como uma parceria, em que cada um dos parceiros faz a sua parte. Winnicott, portanto, permite uma leitura da relação eu-outro / homem-cultura não pela via do traumático ou da submissão ao desejo do Outro.

Assim, se podemos dizer que, em Freud, a relação eu-outro, homem-cultura remete à busca do objeto perdido, e, em Lacan, à busca da completude e tamponamento da falta, em Winnicott (1975) tal relação remete ao ato criativo, experienciado no espaço transicional. Essa ideia trará uma importante contribuição para que se pense o espaço analítico como resultante da construção de um brincar ativo entre dois parceiros.

Gostaríamos, ainda, de chamar atenção sobre outro campo, na teoria winnicottiana, no qual ele vai colocar-se frontalmente contrário à teoria de Klein. Winnicott não teoriza, tampouco faz uso do conceito de pulsão de morte em sua obra. A noção de agressividade, segundo o autor, é entendida como expressão dos movimentos motores do bebê em direção ao mundo, expressão primeira da vida, e não como expressão de uma pulsão de morte inata, como formula Klein. O ódio, para ele, é um sentimento de muito maior complexidade e exige, antes de se expressar, que o indivíduo dê cabo de grandes tarefas no seu processo de amadurecimento. O impulso destrutivo, que faz parte do amor primário, é mitigado pela culpa e pode ser inserido, também este, no ciclo da vida, pela via da reparação. Nesse contexto, conforme Winnicott (1978), nasce a preocupação com o outro e a possibilidade, quando tudo correr bem (e isso é fundamental), de o indivíduo transformar o ódio em ação criativa.

Outra importante torção que se opera a partir da teoria winnicottiana diz respeito à dimensão dada por ele à pulsão e, consequentemente, ao lugar da interdição. Jurandir Freire Costa recorre a uma metáfora muito feliz para abordar essa transformação. Segundo esse autor, para expressar a trilha freudiana que toma o recalque como forma constituinte do subjetivo, decorrente de a pulsão ser concebida como expressão da ordem do excesso, cabe o emprego da metáfora do dique holandês, ". . . edificado para conter o avanço do mar e a inundação iminente" (2000, p. 18). Nesse modelo, a interdição, posta pela lei do pai, é fundamental para que possa constituir-se o psiquismo, em função de o modelo da neurose ser tomado como definidor da constituição da subjetividade. Já em Winnicott, continua Costa, faríamos uso de uma outra metáfora, a dos moinhos de vento, que ". . . aproveita a força da natureza para a realização de trabalhos úteis" (Costa, 2000, p. 18). Afinal, para Winnicott, não é o recalque que está em questão quando nos defrontamos com o sentimento de vazio e a falta de sentido de vida. Frente à ausência de barreiras à realização das demandas pulsionais, aparecem expressões de tédio, renúncia ao desejo e impotência da vontade. É o cuidado materno, por meio de um manejo constante, que abrirá à criança a possibilidade de reparação, e, assim, a possibilidade da transformação criadora.

Embora se possa pensar a obra de Winnicott inserida numa tradição psicanalítica oriunda de Ferenczi, como faz Luís Cláudio Figueiredo, com certeza também tributária de Freud, consideramos que, mesmo não sendo produtora de um novo paradigma, permite alçar voos para além do campo do sexual. Nesse sentido, constituem-se duas lógicas marcadamente distintas: de um lado, a lógica da castração, resultante do modelo freudiano, e, de outro, uma lógica que formula a criatividade primária, como o faz Winnicott.

Na lógica da castração, a pulsão é concebida como uma força que, se deixada à solta, é avassaladora. Seu destino será o recalque e a sublimação; desse modo, a criatividade é pensada como secundária, tendo como condição de possibilidade o recalque. É necessário, portanto, pensar um agente que barre o excesso introduzido pela pulsão, sendo a função paterna um conceito indispensável para que se funde o sujeito.

De outro lado, ocorre uma forma de pensar a constituição primária por meio de outra lógica: dependência, necessidade e adaptação ativa. Nessa perspectiva, o desenvolvimento das potencialidades do indivíduo será possível desde que se pense a dependência inicial como necessidade absoluta que exige uma adaptação ativa por parte do meio ambiente, seja atendendo as suas necessidades, seja oferecendo a oposição necessária ao crescimento. A adaptação será permeada pela ilusão, o que possibilitará que a desilusão seja experimentada na via da criatividade primária.

Estes são os caminhos que estamos trilhando e que nos têm ajudado a encontrar, no campo psicanalítico, novas possibilidades de pensar sobre o sujeito, sua relação com o mundo e suas formas de sofrimento. Situando os autores nesse contexto, acreditamos poder encontrar um campo bastante amplo e plástico, o qual nos oferece possibilidades de pensar as formas de subjetivação e de expressão do sofrimento sobre diversos matizes.

A psicanálise é, sem dúvida, um corpo teórico que permite ser repensado e colocado de ponta-cabeça, o que a faz permanecer viva e um instrumento atual para que possamos repensar o sujeito nas suas múltiplas formas de ser.

Referências

Barros, E. M. R. (1991). O sistema kleiniano. In F. Knobloch (Org.), *O inconsciente: várias leituras* (p. 109-121). São Paulo: Escuta.

Bezerra, Jr. B. (1994). Descentramento e Sujeito – versões da revolução copernicana de Freud. In F. F. Costa (Org.), *Redescrições da Psicanálise. Ensaios Pragmáticos* (p. 119-167). Rio de Janeiro: Relumé-Dumará.

Birman, J. (1995). Sujeito e Estilo em Psicanálise. Sobre o indeterminismo da pulsão no discurso freudiano. In A. H. de Moura (Org.), *As Pulsões* (p. 25-51). São Paulo: Escuta/Educ.

Birman, J. (1996). Psicanálise, uma estilística da existência? In *Por uma estilística da existência: sobre a psicanálise, a modernnidade e a arte* (p. 23-51). São Paulo: Editora 34.

Birman, J. (1997). O sujeito no discurso freudiano – a crítica da representação e o critério da diferença. In *Estilo e Modernidade em Psicanálise* (p. 15-42). São Paulo: Editora 34.

Birman, J. (2003). Soberania, crueldade e servidão: mal-estar, subjetividade e projetos identitários na modernidade. In T. Pinheiro (Org.), *Psicanálise e formas de subjetivação contemporâneas.* Rio de Janeiro: Contra Capa.

Birman, J. (2006). *Arquivos do mal-estar e da resistência.* Rio de Janeiro: Civilização Brasileira.

Calligaris, C. (1991). O inconsciente em Lacan. In A. Aufranc (Org.), *O inconsciente: várias leituras* (p. 167-182). São Paulo: Escuta.

Cavalcanti, A. E., & Rocha, P. S. (2001). *Autismo – construções e descontruções.* São Paulo: Casa do Psicólogo.

Costa, J. F. (1994). Pragmática e processo analítico: Freud, Wittgenstein, Davidson, Rorty. In J. C. Freire (Org.), *Redescrições da Psicanálise, ensaios pragmáticos.* Rio de Janeiro: Relume Dumará.

Costa, J. F. (2000). Playdoier pelos irmãos. In M. R. Kehl (Org.), *Função fraterna* (p. 7-30). Rio de Janeiro: Relumé-Dumará.

Figueiredo, L. C. (2002). A tradição ferencziana de Donald Winnicott. Apontamentos sobre regressão e regressão terapêutica. *Revista Brasileira de Psicanálise*, *36*(4), 909-927.

Khan, M. M. R. (1977). O conceito de trauma cumulativo. In *Psicanálise: teoria, técnica e casos clínicos*. Rio de Janeiro: Francisco Alves.

Loparic, Z. (1996). Winnicott: uma psicanálise não-edipiana. *Percurso*, *17*(2), 41-47.

Phillips, A. (2006). *Winnicott*. São Paulo: Ideias e Letras.

Ribas, D. D. (2000). *Woods Winnicott*. Psychanalystes d'aujourd'hui. Presses Universitaires de France.

Rocha, P. S. (Org.). (1997). *Autismos*. São Paulo: Editora Escuta.

Roudinesco, E., & Plon, M. (1998). Melanie Klein. In *Dicionário de psicanálise* (p. 430-434). Rio de Janeiro: Jorge Zahar.

Winnicott, D. W. (1975). *O Brincar e a Realidade*. Rio de Janeiro: Imago.

Winnicott, D. W. (1978). *Textos Selecionados: Da Pediatria à Psicanálise*. Rio de Janeiro: Francisco Alves.

Winnicott, D. W. (1983). *O Ambiente e os processos de maturação – estudos sobre a teoria do desenvolvimento emocional*. Porto Alegre: Artes Médicas.

Winnicott, D. W. (1990). *O Gesto Espontâneo*. São Paulo: Martins Fontes.

2

A sindromização nossa de cada dia[1]

Ana Maria Rocha de Oliveira

Este trabalho segue na trilha da problematização do psicodiagnóstico, abordada em dois artigos anteriormente publicados (Rocha, 2006; Rocha & Silva, 2006), e traz, dessa feita, reflexões acerca deste fenômeno que vem sendo cada vez mais aceito e difundido entre nós, ao qual passarei a chamar: "cultura da sindromização"[2]. Essa tendência, que vem tornando-se praticamente hegemônica em nossos dias, tem sido amplamente incorporada à nossa forma leiga de entender e lidar, cotidianamente, com os diferentes modos de ser, de sentir e de agir dos humanos. Algumas das consequências desse fenômeno serão expostas a partir de um artigo publicado por um jornal, bem como por vinhetas clínicas, com as quais pretendo ilustrar os efeitos nocivos da sindromização do sofrimento psíquico na vida das pessoas e, principalmente, das crianças.

A princípio, gostaria de chamar a atenção para o fato de estarmos, cada vez mais, utilizando classificações ou categorias psicopatológicas para descrever nossos sentimentos e nossas atitudes. Melhor dizendo, não ficamos mais chateados, irritados ou impacientes; todos dizemos estar *estressados*. Se terminamos um namoro, perdemos um ente querido, ou algo importante para nós, não ficamos mais de luto, tristes ou abatidos, mas, invariavelmente, *deprimidos* ou, como dizem os jovens,

---

[1] Uma primeira versão deste texto foi apresentada no *Encontro da Psicologia Pernambucana: discutindo referenciais na diversidade da prática*, organizado pelo CRP-02, em agosto de 2010.

[2] Termo sugerido pelo Dr. Marcelo Bouwman, psicanalista do Círculo Psicanalítico de Pernambuco (CPP), em valiosas conversas sobre este trabalho.

deprê. Não nos dizemos mais desconfiados, precavidos, cismados com determinados fatos ou com determinadas pessoas, dizemos estar com *paranoia* ou *noiados.* Nossas crianças não são mais espertas, ativas, peraltas, irrequietas, buliçosas, mal-ouvidas ou mal-educadas mesmo, são todas *hiperativas.* Não podemos mais estar amedrontados, inseguros, receosos, apavorados, pois estamos invariavelmente, *panicados,* isto é, com *pânico.* Não somos mais descontrolados, exaltados, dramáticos ou escandalosos; temos sido todos *histéricos,.* termo, aliás, largamente substantivado, e, antes que algum leitor *dê um histérico* comigo, vou esclarecer aonde quero chegar com tudo isso.

Entendo que essa forma de nos descrever ilustra bem a dimensão ou impregnância, em nossas vidas, do que estou chamando *cultura da sindromização.* Aparentemente inofensiva, tal forma de descrever nossos sentimentos e atitudes revela uma preocupante adesão ao modo de entender e transformar os fenômenos humanos, que são singulares e contingentes, em fenômenos universais e generalizáveis, como se fôssemos seres "produzidos em série", padronizáveis, previsíveis, classificáveis e facilmente controláveis.

É importante lembrar que classificações psicopatológicas são inventadas como qualquer outra classificação. Para classificar, precisamos criar uma invariante, quer dizer, uma norma que passa a ser a referência; o que está fora dessa norma é entendido como anormal; no campo da clínica, como patológico.

Temos esquecido, no entanto, que quem cria as normas somos nós, seres humanos contingentes, e que essas normas são apenas convenções, adotadas dentro de um determinado contexto histórico e cultural: o que hoje é entendido como patológico, amanhã pode não ser. Ou, ainda, entender como patológico é apenas mais uma das diferentes formas possíveis de compreender determinadas expressões humanas. Por isso mesmo, essas normas não podem, nem devem, ser naturalizadas.

Infelizmente, quando reduzimos ingenuamente a descrição de nossa subjetividade a categorias psicopatológicas, estamos todos contribuindo para que seja classificado como patológico não apenas o que em nós foge à norma – o que já é bastante questionável –, mas também para que sejam classificados e *sindromizados* os sentimentos, as atitudes, as reações e os afetos mais legítimos aos seres humanos.

Estarei exagerando? Pois bem, gostaria de citar como exemplo um artigo publicado por um jornal em Recife. Nas palavras de Thomé (2010):

> Sentir falta exagerada do celular pode ser sinal de doença, que tem nome: nomofobia – abreviação de "no móbile", sem celular em inglês. A síndrome... pode causar angústia, palpitação ou desconforto... Metade dos entrevistados relatou que nunca desligava o celular e 9% disseram sentir "profunda ansiedade" quando ficam sem o aparelho. "Todos temos dependência do conforto e da comodidade das novas tecnologias. O problema é quando aparece um comportamento patológico semelhante ao da pessoa dependente da droga e do álcool", explica a psicóloga que defendeu tese de doutorado sobre o tema. Segundo ela, a angústia de ficar sem o celular pode ser sinal de um transtorno de ansiedade. ... O tratamento inclui entrevista com psicólogos e psiquiatras, e terapia cognitiva comportamental. (p. 17)

Ora, se é ansiedade o que está na base da situação acima analisada, vamos precisar de tantas síndromes quantas sejam as soluções dos humanos para lidar com as incertezas, os percalços e o inusitado da vida, os quais produzem em nós mais ou menos ansiedade: síndrome dos *sem medalhinha* ou síndrome dos *sem patuá*, porque andar com uma medalhinha ou patuá na carteira deixa alguns de nós sentindo-se mais protegidos; síndrome dos *sem agenda,* ou *sem figa*, ou *sem batom*, pois, para diferentes pessoas, levar sempre consigo a agenda, trazer junto a si uma figa, ou mesmo repassar o batom ao longo do dia são atitudes que as deixam mais seguras, confiantes e, consequentemente, mais tranquilas.

Basta fazermos o pequeno exercício de substituir, no texto acima, o nome *nomofobia* para "nomedalhofobia" ou "nopatuafobia" e assim por diante, substituindo em seguida a palavra celular por medalhinha, agenda, batom, figa ou patuá e, pronto, estarão criadas novas síndromes que, num piscar de olhos, terão seus registros no próximo Classificação Estatística Internacional de Doenças e Problemas Relacionados com a Saúde (CID), indicações terapêuticas e medicamentos. Criam-se, da noite para o dia, não apenas novos grupos de pessoas que passarão a se sentir doentes e que assim serão tratadas, como também um enorme contingente daqueles que formarão os grupos de risco: os que ainda não estão doentes, mas precisam ser tratados para não adoecer.

É espantoso perceber que mesmo atitudes ou reações que não trazem, necessariamente, qualquer marca de sofrimento, que simplesmente fazem parte do repertório de expressão de ser dos humanos, têm sido sindromizadas, e simplesmente porque, numa certa medida, fogem dos padrões estabelecidos para o que se espera como reações ou comportamentos nas diferentes situações, mesmo que pensemos naqueles que, em situações como as anteriormente citadas (sem celular, sem medalhinha etc.), sintam extrema ansiedade, estejam em sofrimento e precisem de ajuda. Qual é mesmo a vantagem de se interpretar como *síndrome* uma expressão de ansiedade, seja ela qual for, se esta guarda diferentes representações para cada uma das diferentes pessoas? Quais são as consequências ou vantagens para o indivíduo que sofre e para aqueles que dele cuidam – nos âmbitos familiar, escolar, social ou clínico – que seu sofrimento seja tomado como síndrome?

Vejamos. Uma síndrome é entendida como um conjunto de sinais ou sintomas preestabelecidos, que, isolados, não têm relevância alguma, mas, quando reunidos ou combinados, são interpretados como uma "entidade patológica" que determina, de forma generalizante, a estratégia de cuidados para os que nela se enquadram. Significa dizer que os cuidados não mais serão pensados para o fulano, com sua história e contingência de vida particular, com seus interesses, seus afetos e desafetos, com seu jeito único de ser: de pensar, de sentir, de agir e de sofrer. Justamente ao contrário, os cuidados, tanto no âmbito familiar, escolar ou no clínico, passarão a ser traçados para um portador de uma síndrome, igualado/indiferenciado a milhares de outros que apresentam os mesmos sintomas. O que é bom para um se supõe ser bom para todos, já que não são tomados como indivíduo, mas como alguém dessubjetivado.

Gostaria de ilustrar o que digo recorrendo a um pequeno relato de uma das professoras da rede pública, a qual participava de um grupo de capacitação e supervisão no CPPL. Segundo ela, um de seus alunos, jovem "muito esquisito", cheio de estereotipias, isolado, nada interativo e com uma condição de fala telegráfica, vinha apresentando pequenos e animadores avanços desde que fora convidado a se ocupar, junto com ela, da organização do lanche de sua turma. Essa função, que para ele tinha uma representação muito especial, estava permitindo a ambos compartilharem uma mútua e surpreendente descoberta. Essa experiência repleta de altos e baixos, segundo ela, um instigante desafio, possibilitou a ele não apenas ser reconhecido e valorizado pelos colegas e pelas demais pessoas da escola, como também lhe despertou para a leitura e a escrita das palavras referentes ao universo desse seu particular interesse.

Tudo ia muito bem até o dia em que uma psicóloga, cheia de boas intenções e tentando otimizar o aproveitamento pedagógico desse jovem, o submeteu a uma avaliação psicológica e diagnosticou-o como autista, orientando a professora a se informar sobre o autismo e sobre métodos comportamentais para autistas. A professora, que até então protagonizava junto com seu aluno uma experiência criativa, extremamente bem-sucedida e reconhecida por toda equipe escolar, sentindo-se desapontada e incapaz, declarou, para o espanto de todos, que não poderia mais ter o jovem como aluno, pois ela não sabia lidar com autistas[3].

Infelizmente, temos testemunhado, nos dias de hoje, a consolidação no campo da psicopatologia de uma verdadeira adesão ao modelo da chamada "medicina de evidências", que constrói diagnósticos e terapêuticas baseados, essencialmente, em sintomas e sinais – *checklists*. Ancoradas firmemente no discurso do "reducionismo biológico", segundo o qual o único explicativo válido para a elucidação dos transtornos mentais é o da descrição dos processos neurobiológicos neles implicados (Pereira, 2006), em vez de adotar e valorizar o pluralismo explicativo para a compreensão do sofrimento humano. Essa abordagem clínica tem acontecido em detrimento do que de particular, de singular, contingente e provisório se encontra em cada situação clínica observada, gerando verdadeiras identidades psicopatológicas.

Só para se ter uma ideia do que isso pode significar, trago um fragmento do discurso de uma jovem de dezesseis anos, trazida por seus pais devido a seu baixo rendimento escolar (apesar de muito inteligente) e grande desimplicação em seu processo de aprendizagem. Havia sido levada ao neurologista e há quatro anos mantinham-na tomando Ritalina, mesmo sem constatar nenhuma melhora. Em nosso primeiro encontro, ao entrar na sala, essa jovem se sentou, olhou-me, e a primeira coisa que me disse, meio encabulada, foi: *Eu sou TDAH*[4]. Ao que eu prontamente respondi: *Muito prazer, eu sou Ana Maria*.

Lembro-me também de um garoto de cinco anos que, quando questionado por mim sobre o porquê de ter batido em seu colega na escola, respondeu: *Foi porque eu não tomei o meu remédio* [Ritalina]!

---

[3] Na direção contrária, encontramos o enredo do interessante filme *Radio*, dirigido por Michael Tollin (2003), e baseado em fatos reais, o qual recomendo.

[4] Transtorno do déficit de atenção com ou sem hiperatividade.

Como os pais e os profissionais de saúde e educação, que acompanham crianças e jovens em situações semelhantes, esperam que eles se responsabilizem por seus atos e pelas consequências destes, se medicar crianças e jovens se tornou um procedimento banal? Se cada vez mais o medicamento tem substituído toda possibilidade de análise, reflexão e implicação no que acontece em suas vidas? Se, inclusive, tomam medicamentos questionáveis como a Ritalina[5]?

Diante dessa realidade, poderíamos dizer que o alerta de Welch, Schwartz e Woloshin (2007)[6] é muito bem-vindo:

> . . . A maior ameaça apresentada pela medicina americana é o fato de cada vez mais estarmos nos afundando não por uma epidemia de doenças e sim por uma epidemia de diagnósticos. Apesar de os americanos viverem mais do que nunca, cada vez mais nos falam que estamos doentes. Como isso é possível? Um dos motivos é que nós (americanos) empregamos mais recursos aos cuidados médicos que qualquer outro país. Parte deste investimento é produtivo, cura doenças e alivia sofrimentos. Mas isso também nos conduz a cada vez mais diagnósticos, uma tendência que se transformou em epidemia.

---

[5] Como nos esclarece Rischbieter (2005), "Se procurarmos no Google a palavra Ritalin vamos encontrar, por exemplo, no dia 12/7 no The New York Times: 'Ritalina pode aumentar o risco de Câncer'. Há uma saraivada de acusações contra a Ritalina e drogas do mesmo tipo, associando-as a episódios de violência, surtos psicóticos, suicídio, etc. . . . Essas drogas são uma espécie de anfetamina, droga que fez sucesso entre os jovens transgressores da década de 70 . . . Agem aumentando a atividade cerebral frontal de um neuro-transmissor estimulante chamado dopamina. Ainda é um mistério explicar como a Ritalina é capaz de acalmar crianças inquietas, pois ela deveria excitá-las muito mais. Os neurologistas chamam isso de 'efeito paradoxal'. Tecnicamente falando, ela é uma verdadeira cocaína *light*, pois a cocaína também age aumentando a ação da dopamina. No mínimo há muita controvérsia e precisamos de mais pesquisas".

[6] Gilbert Welch é autor da obra *Should I Be tested for Cancer? Maybe Not and Here's Why* (University of California Press). Lisa Schwartz e Steven Woloshin são pesquisadores seniores do VA Outcome Group, em White River Junction.

. . . Talvez ainda mais preocupante seja a medicalização da infância. Se uma criança tossir depois de fazer exercícios, ela tem asma. Se tiver problemas com leitura, é disléxica. Se estiver infeliz, tem depressão. Se alternar entre euforia e tristeza, tem distúrbio bipolar . . . é necessário ponderar o real efeito de tais sintomas, que em muitos casos são brandos, intermitentes ou transitórios.

A epidemia de diagnósticos tem muitas causas. Mais diagnósticos significa mais dinheiro para a indústria farmacêutica, hospitais, médicos e advogados. Pesquisadores e até mesmo organizações federais de medicina asseguram suas posições (e financiamentos) promovendo a descoberta de "suas" doenças. . . . Preocupações médico-legais também conduzem à epidemia.

Desta forma, quanto mais nos falam que estamos doentes, menos nos dizem que estamos bem. As pessoas precisam ponderar sobre os riscos e benefícios da ampliação de diagnósticos.

Nessa mesma direção, encontramos as considerações de Winnicott[7], as quais nos parecem bem atuais:

Os médicos (e, eu diria, alguns psicólogos também) fisicamente orientados, gostam de pensar em termos de doenças que dão uma aparência organizada aos livros didáticos. É fácil ensinar aos alunos de medicina vários tipos de meningite, apendicite e febre reumática. O aluno pode ser ensinado sobre a base muito firme da anatomia e da fisiologia. O aluno pode tomar notas concisas e aprender as teorias de etiologia, sintomatologia e tratamento. Infelizmente as coisas psicológicas não são assim. É mais difícil ensinar aos alunos de medicina a teoria do desenvolvimento

---

[7] Famoso pediatra e psicanalista inglês que, ao longo de sua carreira, se estima ter atendido aproximadamente trinta mil bebês com suas mães em consultas de rotina.

emocional do bebê e da criança do que ensinar anatomia e fisiologia. (Winnicott, 1997b, p. 180)

E também afirma que:

... na Psiquiatria esta ideia de uma doença claramente definida é sempre errônea, pois cada condição de enfermidade psiquiátrica se mistura com desvios que pertencem ao desenvolvimento normal. (1997b, p. 176)

E diz que:

Quando estamos examinando concretamente o problema, podemos atirar a classificação aos quatro ventos e observar casos e examinar detalhes sob o microscópio, por assim dizer. (1997b, p. 181)

Nossa experiência clínica no CPPL – instituição que há trinta anos trabalha com crianças e adolescentes – mostra que os sinais de sofrimento e de dificuldades nas crianças precisam ser tomados apenas como sinais de alerta para algo que está difícil, que não vai bem. Se, por um lado, esses sinais de alerta – muitas vezes, reativos a experiências subjetivas e ambientais desfavoráveis – precisam ser acolhidos num espaço de escuta e de ajuda clínica, por outro, não é necessário para isso que sejam tomados como sintomas de quadros psicopatológicos definidos, haja vista a plasticidade e a provisoriedade deles, dentro do processo de amadurecimentos biológico e psíquico em que se encontra a criança. Mesmo os ditos sinais ou sintomas autísticos, que podem ser observados nas mais diferentes combinações, compondo os mais diversos quadros de funcionamento psíquico e com as mais diferentes evoluções, inclusive a supressão total de tais sintomas. Por isso, temos alardeado os perigos da iatrogenia (Cavalcanti & Rocha, 2006) dos diagnósticos com crianças: onde há apenas tendência e possibilidade, cria-se uma realidade preditiva; especialistas autorizam-se a prever destinos como verdadeiras maldições – Seu filho tem sinais autísticos? Então se prepare... Ele nunca fará isso, nunca será aquilo, nunca poderá aquilo outro – com toda a convicção, respaldados na cientificidade inquestionável das estatísticas[8].

Diante do impasse para nós criado entre a importância da chegada das crianças muito cedo para uma intervenção mais eficaz e os possíveis efeitos nefastos de um diagnóstico precoce, passamos, no CPPL, a tomar as consultas diagnósticas como importante dispositivo clínico que, como tal, pode produzir efeitos terapêuticos, conforme veremos no relato a seguir[9].

De passagem por Recife, os pais de Davi, que moravam num estado vizinho, só teriam um único dia para uma consulta diagnóstica. Chorando ao telefone, a mãe contou-me que o filho havia sido diagnosticado recentemente como autista por duas das melhores equipes do país, o que ela e o marido haviam confirmado pelos questionários da internet, constatando autismo muito severo.

Tentando acalmá-la, perguntei-lhe a idade da criança: dois anos e quatro meses. Foi a minha vez de quase chorar! Era a terceira criança, naquelas condições, só naquela semana! O que se seguiu na consulta esclarece bem nossas preocupações.

Davi chegou desconfiado, agarrado em sua mãe, olhando para todos os cantos da sala, parecendo amedrontado. Apresentei-me, como sempre faço com as crianças, tentando tranquilizá-lo, explicando-lhe que ficaríamos algum tempo naquela sala, pois seus pais, preocupados com ele, precisavam falar-me. Enquanto isso, ele poderia utilizar os brinquedos do armário, os papéis e os lápis que se encontravam ali na mesinha.

---

[8] Sobre isso ver o artigo de Rocha e Silva (2006).

[9] Esse caso clínico foi um dos anteriormente descritos em meu artigo "Consultas diagnósticas: um espaço terapêutico" (Rocha, 2006).

Os pais apressaram-se em me dizer que eu estava perdendo tempo com *explicações desnecessárias*, visto que "autista" não compreende o que se diz para ele, e colocaram no meu colo uma pilha de pastas e dossiês contendo laudos e exames realizados por diversos especialistas.

Enquanto isso, Davi, que perambulava pela sala, parecia "encenar" o que os pais diziam a seu respeito: "Ele vive derrubando as cadeiras". Ele então derrubava uma cadeira. "Ele fica assim correndo pela casa feito maluco". Davi então corria de um lado pra outro sem razão aparente, parecendo um bichinho enjaulado. "Ele fica jogando as coisas no chão". Davi, pouco tempo depois, atirava no chão algo que estivesse segurando. "Ele fica o tempo todo girando os objetos". Davi, mais adiante, colocava algo para girar, como que confirmando o que os pais estavam dizendo sobre ele.

Eu entrava em cena dizendo a Davi que aquilo tudo não me impressionava nem um pouco e que acreditava que certamente ele sabia fazer outras coisas, muito mais interessantes do que aquelas que ele estava-me mostrando. Solicitava-lhe firmemente que recolocasse as coisas que tinha derrubado no lugar, ao que ele obedecia em parte, sempre com um ar de surpresa e estranhamento no rosto; quando se recusava, eu o ajudava a fazê-lo.

Os pais se entreolhavam espantados e continuavam seu relato sobre o filho, que visivelmente havia sido reduzido a um amontoado de sintomas autísticos. Tentando resgatar um pouco dessa criança no discurso dos pais, perguntei-lhes do que Davi gostava. Entreolharam-se novamente, e o pai respondeu-me, de forma rude, que ele gostava mesmo de gritar e de bater nas coisas, com movimentos estereotipados: *Como ele está fazendo ali agora*, disse-me o pai apontando para Davi, que, finalmente, permitindo-se explorar os brinquedos do armário, nesse momento, estava muito concentrado, batendo com uma espada na cabeça de um pato de borracha.

Perguntei ao pai por que ele chamava o que via de movimento estereotipado. Para mim, o pato estava mesmo levando uma surra! Não sabia bem o porquê, mas alguma coisa ele tinha feito para merecer tal surra! Nesse momento, Davi olhou-me rapidamente, um olhar de soslaio, parecendo muito surpreso e confirmando, ao menos para mim, o que eu dissera. Remarquei isso para os pais, que se entreolharam descrentes e nada disseram. Pela expressão em seus rostos, pareciam tomar-me por maluca.

Enquanto a mãe, a meu pedido, iniciou um relato sobre a "história difícil da chegada do filho", Davi, bem mais à vontade, interrompia, de vez em quando, a exploração dos brinquedos para ir até ela. De forma muito carinhosa, passava as mãos em seus cabelos, pendurava-se em seu pescoço, beijava-a no rosto, depois retornava para os brinquedos.

Eu remarcava a importância disso, lembrando-lhes que uma das grandes dificuldades atribuídas aos ditos "autistas" era a ausência de vínculos afetivos: *Vocês acham que ele não estabelece vínculos afetivos com vocês? Que ele não a reconhece?* A mãe apressou-se a dizer que, muito pelo contrário, ele era muito "grudado" nela: fazia festa quando a encontrava e era um drama toda vez que ela tinha de sair e deixá-lo, o que era uma das razões de ainda não ter conseguido ficar na escola.

Mais à vontade, ela também me contou como se sentia responsável pelas dificuldades do filho, porque, aos três meses de gestação, precisou assumir um trabalho muito desejado, que conseguiu por meio de concurso, e necessitou mudar-se imediatamente para o interior, causando com isso grandes transtornos para toda família; tal período foi muito difícil, pois ela e o marido ficaram praticamente separados.

O pai, com irritação, interrompia o relato da esposa, dizendo que aquilo tudo era perda de tempo, pois já estava provado que o autismo é uma síndrome genética, e que, portanto, nada do que falávamos vinha ao caso.

Solicitei a ele um pouco de paciência, já que estavam ali, porque considerava muito importante para Davi escutar, junto comigo, sua história. O pai, visivelmente contrariado, permitiu que a esposa continuasse contando como fora difícil cuidar sozinha do filho, principalmente na fase em que a babá, a quem ele adorava, tinha ido embora quando Davi tinha catorze meses, e como sentira a falta do marido naquele período em que só podiam se ver tão pouco.

Enquanto isso, Davi, que havia descoberto uma boneca entre os brinquedos, começou a beijá-la na boca, repetida vezes, fato também visto pela mãe. Quando comentei sobre o que ele estava fazendo, Davi, parecendo envergonhado, largou a boneca e correu para esconder o rosto no colo da mãe, ruborizado. Deliciada com a cena, eu me desculpei com Davi por ter sido tão indiscreta, comentando daquela maneira sobre seus assuntos tão íntimos, mas precisava mostrar a seus pais do que ele era capaz.

A mãe, muito surpresa, comentava com o marido descrente que de fato o menino estava beijando a boneca na boca tal qual eu dissera, como se precisasse confirmar para ele que eu não era louca, nem tinha inventado tudo aquilo. O pai, que de onde estava sentado não tinha visto a cena, nesse momento, de forma muito direta e objetiva, perguntou-me se realmente eu acreditava que o filho fosse capaz de entender e fazer o que eu estava dizendo. Acrescentou, ainda, se eu tinha ideia de como a minha forma de ver seu filho era diferente de todos os especialistas que haviam consultado antes, fazendo questão de nomeá-los.

Respondi firmemente que sim, afirmando, ainda, que eu acreditava que Davi era capaz de muito mais que aquilo que nos estava mostrando naquele momento. Respaldada em trinta anos de experiência no CPPL, podia afirmar que havíamos acompanhado centenas de crianças que nos chegaram com a idade de Davi, apresentando esses mesmos "sinais autísticos", as quais se desenvolveram das mais diferentes formas. Mas completei que sabia também o quão absurdo isso podia parecer a ele, após ter ouvido tantos especialistas dizerem justo o contrário. E o que eu mais lamentava era ele não poder mais ver a criança interessante que era seu filho.

Convicta de que nada que eu dissesse removeria as certezas dos pais sobre o "autismo" do filho, fiz o que sempre fazemos nas sessões com as crianças: *brincamos*.

Levantei-me, anunciando que toda aquela conversa estava muito chata e que agora era hora de ir brincar com Davi. Sentei-me no chão com xicrinhas e panelinhas, enquanto o pai, exasperado, dizia à sua esposa que eu não tinha entendido nada, que eu devia saber que autista não brinca, etc., etc.

Dirigi-me a Davi propondo que fizéssemos um chazinho para seu pai, que estava muito nervoso e irritado comigo; assim, quem sabe, ele se acalmasse e viesse brincar também. Davi aproximou-se muito desconfiado, olhando de soslaio, ora para mim, ora para os brinquedos que eu arrumara no tapete, acompanhando, interessado, os meus movimentos, enquanto eu, no faz de conta, procurava os fósforos, acendia o fogão, mexia nas panelas, preparando o chá.

Notando o interesse do filho, os pais emudeceram e aproxima-ram-se para observar a cena. Ainda desconfiado, Davi aceitou e tomou "de faz de conta" o chá que eu lhe oferecia, auxiliando-me também a servir as bonecas. Às vezes sorria, enquanto eu servia o açúcar, ou soprava fazendo de conta que estava quente, ou que havia derramado o líquido, de forma desastrada, em minha roupa. Acompanhava tudo isso, às vezes imitando o que eu fazia, outras se afastando para olhar de longe e retornando para perto, mas demonstrando divertir-se bastante com tudo aquilo.

Quando finalmente sugeri que levasse o chá até seus pais, a mãe, que tinha começado a chorar, aceitou imediatamente e, enquanto fazia de conta que tomava seu chá, dizia eufórica para o marido: *Viu, bem, ele está brincando, ele está brincando!* O pai, completamente confuso, com sua xicrinha na mão, comentava que não sabia o que devia fazer com aquilo e perguntava-me: *É esse o tal do jogo simbólico que autista não brinca?! Mas, se ele está brincando, então pode ser que a senhora tenha razão; pode ser que ele não seja autista!*

Davi, animado com a empolgação de seus pais, enriquecia a brincadeira: transformou o chá em *gagau* que distribuiu para todos os bonecos e os animais que encontrava no armário, enquanto os pais trocavam acusações sobre o porquê de não saberem que o filho gostava de brincar, dando-se conta de que nunca o tinham visto brincando antes, nem com eles, nem com a babá.

A mudança que se operou no pai foi formidável! Passou a dizer em tom de brincadeira que iria comprar panelinhas e pratinhos para o filho, porque, se ele gostava de brincar com isso, ele não iria incomodar-se. *Será que ele então seria cozinheiro?* – perguntou-me em tom de brincadeira. *Não importava*, dizia ele, *se fosse um cozinheiro bem resolvido em vez de autista, seria o pai mais feliz do mundo.*

Todos rimos quando ele disse isso, e Davi começou a rir também, olhando ora para o pai, ora pra mãe, compartilhando conosco aquele momento tão significativo.

No final da consulta, parecia claro para todos nós que, tão importante quanto Davi ter um espaço terapêutico para ajudá-lo a construir outras formas de lidar consigo próprio e com o mundo, seriam eles, os pais, se dispor a jogar fora as "lentes psicopatológicas" que estavam utilizando para ver o filho. Deixar-se surpreender por ele e remarcar o que podiam na criança encontrar de interação, de possibilidades, de traços de sua maneira de ser com os quais pudessem identificar-se e, dessa forma, reengendrar o compartilhamento das experiências da vida.

Esse caso ilustra bem as graves consequências para as crianças dessa *cultura de sindromização* do sofrimento humano. Na contramão, junto--me àqueles que entendem que, se existe um critério universal para os seres humanos, este é o da *diversidade*, bem como aos que dizem que "... a regra da natureza é a variação e não a fixidez" (Gould, citado por Campello, 1998) e aos que propõem pensar a "... vida como traição da norma" (Costa, citado por Campello, 1998). Faço eco às proposições de Campello (1998), que, trabalhando com as ideias de Gould e Costa, nos convoca a pensar "... a variação como norma da vida e a diversidade como invariante necessário para a realização de uma operação de reclassificação, e mais, que é opcional, não compulsório, denominar esta reclassificação de psicopatologia". (p. Campello, 1998, p. 2)

Finalizo lembrando a canção de Arnaldo Antunes:

Não há sol, há sóis; Não há sol, há sóis!

Somos o que somos, somos o que somos!

Inclassificáveis, inclassificáveis!

(Antunes, 1999)

Referências

Antunes, A. (1999). Inclassificáveis. In *O essencial de Arnaldo Antunes* (coleção Focus). Brasil: BMG.

Campello, T. (1998). *A psicopatologia no final do milênio. Duas ou três coisas que sei dela.* Texto apresentado no V Encontro Psicanalítico do CPPL, Recife.

Cavalcanti, A. E., & Rocha, P. S. (2001). *Autismo*: construções e desconstruções. São Paulo: Casa do Psicólogo.

Costa, J. F. (1995). *A face e o verso*. São Paulo: Escuta.

Pereira, M. E. C. (1998, março). Formulando uma psicopatologia fundamental. *Revista Latinoamericana de Psicopatologia Fundamental, 1*(1), 60-76.

Pereira, M. E. C. (2006). *A genética psiquiátrica e o projeto contemporâneo de uma psicopatologia científica.* Apostila do curso realizado no CPPL, Recife.

RISCHBIETER, L. (2005, 26 de julho). Os inimigos da Infância. *Folha de São Paulo*, Caderno Sinapse.

Rocha, A. M. O. (2006). Consultas diagnósticas: um espaço terapêutico. In Rocha, P. S. (Org.), *Cata-ventos: Invenções na clínica psicanalítica institucional* (p. 115-132). São Paulo: Escuta.

Rocha, A. M. O., & Silva, A. R. (2006). Em terra Alheia... pisa no chão devagar. In Rocha, P. S. (Org.), *Cata-ventos: Invenções na clínica psicanalítica institucional* (p. 103-113). São Paulo: Escuta.

Thomé, C. (2010, 8 de agosto). Nomofobia, a doença que afeta os "sem-celular". Artigo publicado no Jornal do Comércio p. 17.

Tollin, M. (2003). *Radio*. Estados Unidos: Columbia Pictures.

Winnicott, D. W. (1997a). Autismo. In Shepherd, R., Johns, J., & Robinson, H. T. (Orgs.), *D. W. Winnicott – Pensando sobre crianças* (p. 179-192). Porto Alegre: Artes Médicas.

Winnicott, D. W. (1997b). Três revisões de livros sobre o autismo (1938, 1963, 1966). In Shepherd, R., Johns, J., & Robinson, H. T. (Orgs.), *D. W. Winnicott – Pensando sobre crianças* (p. 175-178). Porto Alegre: Artes Médicas.

Welch, G., Schwartz, L., & Woloshin, S. (2007, 2 de janeiro). What's making us sick is an epidemic of diagnoses. *The New York Times*, Health. Recuperado em 8 de junho de 2011, de www.nytimes.com/2007/01/02/health/02essa.html.

3

Autismo e condição humana: sobre as práticas comportamentalistas e psicanalíticas

Ana Elizabeth Cavalcanti
Letícia Rezende de Araújo

As práticas psicanalíticas e as terapêuticas comportamentais fazem parte de dois campos epistemológicos bastante diferentes. Qual o sentido, então, de abordá-las como nosso tema?

Desconsiderar ou desconhecer visões antagônicas é, muitas vezes, uma tendência entre profissionais de diferentes campos do saber. De outro modo, pensamos que é pela via do reconhecimento dessas visões antagônicas, enquanto discursos que se impõem no campo das práticas terapêuticas, que podemos confrontá-los, explicitar suas diferenças, assumir uma posição e fazer uma escolha.

Foi isso que nos motivou a produzir este texto: tomar uma posição frente ao avanço significativo das práticas comportamentalistas no tratamento de pessoas diagnosticadas "autistas", a partir de uma experiência acumulada em nossa instituição, o CPPL, nesses trinta anos de trabalho clínico com crianças, adolescentes e jovens adultos, numa perspectiva psicanalítica.

Nas discussões entre psicanalistas e terapeutas comportamentalistas, há uma tendência desses últimos a enfatizar os bons resultados de sua prática e, por conseguinte, a sua grande eficácia no tratamento de pessoas "autistas". Do ponto de vista que assumem, esses bons resultados obtidos definem seus modos de intervenção como os mais adequados para tratar essas pessoas. Poderíamos apresentar também nossos bons resultados. Nosso argumento, no entanto, é o de que não são os resultados que diferenciam as práticas psicanalíticas das comportamentalistas, mas suas diferentes visões sobre a condição humana.

Gostaríamos de problematizar exatamente a visão da condição humana que sustenta as práticas comportamentalistas. Para isso, tomaremos, como referencial teórico o pensamento de Hannah Arendt, que, do nosso ponto de vista, permite uma crítica aguçada a essa posição, por representar um dos pensamentos que mais valorizam a *singularidade* humana.

Para tanto, é importante destacar a distinção que fazemos entre *singularidade* e *individualidade*. Benilton Bezerra (2007) traz uma relevante colaboração para compreendermos essa diferença. Segundo ele, a sociedade contemporânea vive dois paradoxos: o do individualismo e o da autonomia. Livre dos ideais tradicionais de outrora, aos quais se filiavam, os indivíduos passam a regular suas vidas pelas determinações da tradição individualista instalada na modernidade. O que existe hoje, segundo Bezerra, não são princípios que servem para nos orientar, mas modelos prévios que devemos seguir e repetir. Por outro lado, há de se pensar que, pelo fato de as pessoas estar sentindo-se cada vez menos submetidas a ideais, normas, princípios e valores, também estariam sentindo-se mais autônomas para fazer escolhas e tomar decisões. No entanto, ao contrário. Para o autor, numa cultura em que *todos* são autônomos, é cada vez maior a necessidade da assistência do outro, de alguém que nos diga o que e como fazer e se determinada escolha é certa ou errada. Cria-se, assim, um lugar propício para a instalação dos "discursos competentes" daqueles a quem o autor denomina os "*experts* em tudo*". Estes começam a ditar o que se deve ou não fazer, dizer ou escolher em situações diversas. Bezerra (2007) muito bem nos alerta para algo importante que acontece com a exacerbação dessa tendência:

Isso causa uma espécie de enfraquecimento de algo fundamental na vida de todo mundo, que é a possibilidade de sentir a marca pessoal nas escolhas. Nós nos sentimos instados por uma força anônima, que nos conduz a querer fazer as coisas certas, adequadas. (p. 1)

É assim que também pensa Hannah Arendt a respeito da singularidade humana. Para Arendt (2005), cada homem é em si um novo começo. A cada nascimento, revela-se algo novo. O mundo passa a existir porque o homem age nele espontaneamente, e esse fato significa que se pode esperar do indivíduo o inesperado, o imprevisível. O homem diferencia-se das coisas e dos outros não só porque possui a qualidade de *alteridade*, mas também porque possui a condição básica da ação e do discurso, por meio dos quais imprime a marca de sua diferença no mundo. É assim que eles se manifestam uns aos outros enquanto homens. Numa passagem de seu livro *A Condição Humana*, Arendt (2005) diz:

> É com palavras e atos que nos inserimos no mundo humano; e essa inserção é como um segundo nascimento, no qual confirmamos e assumimos o fato original e singular do nosso aparecimento físico original . . . Seu ímpeto decorre do começo que vem ao mundo quando nascemos e ao qual respondemos começando algo novo por nossa própria iniciativa. Agir, no sentido mais geral do termo, significa tomar iniciativa . . . (p. 189)

A ação humana, portanto, é incontrolável. Indissociável da espontaneidade, a ação é o cerne da condição humana, segundo Arendt, aquilo mesmo que distingue os homens dos outros animais. "O milagre é humano", diz ela, justo porque o homem, agindo espontaneamente, é capaz de realizar atos tão imprevisíveis, interrompendo processos habituais tão inquestionáveis que parecem feitos milagrosos. Se, por algum motivo, do homem é privado o seu agir espontâneo, a sua vida está literalmente morta para o mundo, e a sua liberdade, confiscada. Ao se referir ao início da vida humana, Arendt afirma: "Só quando se priva o recém-nascido de sua espontaneidade, de seu direito de começar algo novo, é que o curso do mundo pode ser estipulado e vaticinado de maneira determinista" (2005, p. 11).

É o lugar concedido por Arendt à ação espontânea enquanto cerne da condição humana que nos leva a compreender seu interesse pelo fenômeno *totalitário* que, desde cedo, ocupou um lugar central em seu pensamento. Segundo ela, o totalitarismo desenvolve mecanismos para cercear a capacidade do pensar e do agir espontâneo, quando busca o controle e a organização burocrática das massas e a unicidade dos homens, inibindo suas ações e substituindo-as pelo comportamento. No totalitarismo, os homens passam a comportar-se, obedecendo a determinados padrões de exigência absolutamente previsíveis, em vez de agirem inaugurando o novo, experimentando-se enquanto sujeitos singulares. O totalitarismo é, para Arendt, menos um regime político, e mais um modo de pensar que se impõe pelo terror e pela ideologia. Um modo de pensar que visa à unicidade, à previsibilidade e a uma verdade única para a dominação.

É nesse modo de pensar de inspiração totalitária que Arendt insere o behaviorismo. E é também nessa trilha que incluímos as técnicas comportamentalistas, sejam educacionais ou terapêuticas, herdeiras diretas do behaviorismo. Vejamos o que ela nos diz a esse respeito: "A triste verdade acerca do behaviorismo e da validade de suas leis é que quanto mais pessoas existem, maior é a possibilidade de que se comportem e menor a possibilidade de que tolerem o não comportamento" (2005, p. 53).

Desse modo, seria subtraída do homem a possibilidade de um agir espontâneo e, consequentemente, de ser visto como um ser singular, único e capaz de inaugurar algo novo no mundo. Assim, a capacidade de agir é substituída por um mero *comportar-se*.

Autismo e condição humana: sobre as práticas comportamentalistas e psicanalíticas

É na contramão das ideias de uniformidade e de normatização presentes no pensamento comportamentalista que podemos apreender a atualidade e a utilidade da psicanálise nesse contexto. Assim, enquanto o referencial do indivíduo comportado estreita e reduz as possibilidades de descrever os diferentes modos de existência humana e, consequentemente, exclui e desconhece aqueles que não se comportam de maneira adequada e adaptada, o referencial do sujeito singular, diferentemente, amplia ao máximo a possibilidade de reconhecer como humanos modos de existência inusitados e imprevisíveis.

A rigor, esta é a grande contribuição da psicanálise: possibilitar o reconhecimento do outro como semelhante mesmo nas suas mais radicais diferenças. Foi desse modo que agiu Freud no final do século XIX, no trabalho clínico com suas famosas pacientes histéricas. Fez toda diferença para aquelas mulheres quando, em vez de compreender os seus sintomas como meras simulações, ou como sinais de doença degenerativa, conforme se pensava até então, Freud escutou-os como comunicação, como um modo de falar de si, do seu sofrimento. Da mesma forma, faz toda diferença para as pessoas denominadas "autistas" quando tomamos suas estereotipias não como comportamentos indesejáveis que devem ser suprimidos para adequar-se, mas como algo que elas comunicam ou que pode adquirir significação no contexto de suas relações.

Foi assim que escutamos Felipe, de sete anos, que chegou ao CPPL com o diagnóstico de "autista". Ele logo se mostrou interessado pelo jogo de cartas "paciência" no computador. Parecendo muito familiarizado com o jogo, a um dado momento começou a fazer um som: "*shshshshshsh*". Continuava a jogar, parava novamente, e repetia o som: "*shshshshsh*". Às vezes mais forte, às vezes mais fraco, às vezes olhando para a terapeuta, às vezes não. O fato era que Felipe estava dizendo alguma coisa. Até que a terapeuta olhou para ele e disse-lhe algo assim: "*Ah, Felipe, será que você está me perguntando pelo som do jogo? É verdade, esse jogo faz um som assim. Parece que essas caixinhas de som estão quebradas, mas acho que a gente pode inventar um jeito para que nosso jogo fique mais divertido".* Ele a escutava atentamente. Ela começou, então, a fazer o mesmo som (*"shshshshshsh"*) dentro do contexto do jogo, toda vez que Felipe clicava nas cartas a serem distribuídas. Os dois riam e riam quando ela fazia *"shshshshshsh"*. O jogo continuou, agora, com som. Na sessão seguinte, logo que chegou, Felipe disse: *"shshshshshsh"*. A terapeuta perguntou-lhe: *"Você quer jogar 'paciência', Felipe?"* Ele olhou--a, riu e dirigiu-se ao computador. Os dois, então, reiniciaram o jogo.

Entendemos que aquele foi o jeito próprio de Felipe dizer que estava faltando som àquele jogo e, na sessão seguinte, de convidá-la para jogar com ele. Um jeito muito diferente do dela, que se comunica com a fala articulada.

Foi fundamental a criança e a terapeuta reconhecerem-se em suas semelhanças como sujeitos humanos tão diferentes. Somente dessa forma foi possível não cercear a capacidade de agir espontaneamente de Felipe, de não lhe negar a prerrogativa humana por excelência, de imprimir uma marca singular entre os que o rodeiam e no mundo onde vive. Do contrário, aquele *"shshshshshsh"* se teria perdido no espaço como um nada, um "sem sentido", ou, no máximo, como mais uma estereotipia dos "autistas" a ser acrescentada nos *checklists online.* Portanto, faz toda diferença se olhamos os autistas como pessoas que têm subjetividade ou se os olhamos como seres que precisam ter seus comportamentos indesejáveis moldados e ajustados adequadamente por comportamentos desejáveis, isto é, como seres desprovidos de subjetividade.

O contato com as técnicas comportamentalistas, quer por leituras, quer por conversas com especialistas, quer por relatos de pais de crianças que atendemos, leva-nos a pensar que estas são sustentadas por uma visão da condição humana muito diferente daquela que sustenta as práticas psicanalíticas. Certa vez nos disse um especialista do método

Applied Behavior Analysis (Análise do Comportamento Aplicada, ABA): "Se uma criança autista faz xixi na roupa, pode estar demandando atenção. Como se trata de um comportamento indesejável, deve ser completamente desconhecido".

Para nós, psicanalistas, um tipo de formulação como esta chega a chocar. Ora, se um comportamento tão comum entre as crianças "autistas" ou "não autistas" deve ser desconhecido, indagamos o que sustentaria tal argumento que não fosse a crença desse especialista de que não há subjetividade nos "autistas". O que possibilita alguém se colocar ante seu semelhante subtraindo-lhe a subjetividade?

A história do autismo é marcada por esse modo de pensar. Ele está presente desde o artigo inaugural de Leo Kanner, de 1943, denominado "Os distúrbios autísticos de contato afetivo", no qual ele apresenta e discute material clínico de onze crianças que acompanhou. Inicia o artigo referindo-se a cada criança em suas particularidades. Diz ele: "Desde 1938 nossa atenção foi atraída por um certo número de crianças cujo estado difere tão marcada e distintamente de tudo o que foi descrito anteriormente, que cada caso merece . . . uma consideração detalhada de suas fascinantes particularidades" (p. 111).

No trecho em que discute os casos apresentados, Kanner (1943) relata suas impressões: "Mesmo que a maioria destas crianças tenham sido consideradas, em um momento ou outro, como fracas de espírito, são, sem dúvida, dotadas de boas potencialidades cognitivas. Todas têm fisionomias notavelmente inteligentes" (p. 165).

E, logo em seguida ele observa: "Entre os cinco e seis anos de idade, elas abandonam progressivamente a ecolalia e aprendem espontaneamente a utilizar os pronomes pessoais com as referências adequadas. A linguagem é cada vez mais utilizada para comunicar. . ." (p. 169).

No entanto, na conclusão de seu artigo, numa tentativa de generalização e de unificação das diferentes características daquelas crianças,

Kanner (1943) classifica e inclui todas elas numa mesma categoria diagnóstica, cujo sintoma primordial é definido como a incapacidade inata para estabelecer contato afetivo:

> Devemos, portanto, supor que estas crianças vieram ao mundo com uma incapacidade inata de estabelecer o contato afetivo habitual com as pessoas, biologicamente previsto, exatamente como as outras crianças vêm ao mundo com deficiências físicas ou intelectuais . . . aqui parece que temos exemplos "puros" de distúrbios autísticos inatos do contato afetivo. (p. 170)

Ao incluir tais crianças nessa categoria diagnóstica, o que Kanner faz, na verdade, é excluí-las de uma das prerrogativas da condição humana: a de seres que têm subjetividade. A condição humana de seres dotados de linguagem, comunicação e afeto que, no início do artigo, Kanner desenhava para aquelas crianças, viria a ruir em suas considerações finais quando o indivíduo, predestinado por uma incapacidade inata, acabaria com qualquer possibilidade de se dizer e de ser dito sujeito.

Fica assim enfatizada a marca que distingue as duas visões aqui colocadas em discussão. Para a psicanálise, a subjetividade manifesta-se dos mais variados e inesperados modos. Por isso que, quando se trata da condição humana, preferimos falar, assim como Foucault, em modos de subjetivação, em vez de falarmos em síndromes, quadros nosográficos ou qualquer outra entidade psicopatológica, todas elas sustentadas pela ideia de normatização.

Dito de outro modo, e, concluindo, preferimos escutar e deixar--nos afetar pelos modos de ser tão particulares e diferentes de Maria, Pedro, Marina, João, Fernando, Daniela a uniformizá-los e sentenciá--los como próprios de "crianças autistas", os quais rapidamente podem transformar-se em "casos" submetidos às técnicas de treinamento e às modulações de comportamentos desejáveis das terapêuticas normatizantes.

Referências

Arendt, H. (2004). *O que é política?* 5. ed. Rio de Janeiro: Bertrand Brasil.

Arendt, H. (2005). *A condição humana.* Forense Universitária: Rio de Janeiro.

Bezerra, B. (2007). *UIH online.* Recuperado em maio de 2007, de www.diocesedecaxias.org.br/documentos/subjetividade.doc, *maio, 2007.*

Kanner, L. (1997). Os distúbios autísticos de contato afetivo. In S. P. Rocha (Org.), *Autismos.* Escuta: São Paulo.

4

Winnicott e o viver criativo

Ana Elizabeth Cavalcanti

O tratamento psicanalítico institucional desenvolvido há trinta anos no CPPL com crianças portadoras de graves transtornos psíquicos na infância, geralmente diagnosticadas como autistas e psicóticas, impulsionou-nos a buscar, no campo psicanalítico e fora dele, formulações que permitissem positivar esses modos de existência. Essas crianças, sempre descritas na negativa – não falam, não se comunicam, não estabelecem contatos afetivos e tantos outros nãos –, com seus modos de ser tão particulares, explicitavam de forma bastante ruidosa os limites do modelo edípico para compreender, acolher e cuidar do seu sofrimento. Foi assim que elas nos lançaram a tarefa de pensar a constituição da subjetividade, sem tomar a sexualidade e o recalque como seus fundamentos. Tratava-se de procurar alternativas que redimensionassem o lugar do Édipo nessa constituição, para deslocá-lo do lugar de fundamento da subjetividade que lhe é atribuída tradicionalmente na psicanálise. Dito de outra forma, admitir que a sexualidade e o recalque engendram parte das experiências humanas, mas não a sua totalidade e, portanto, é preciso buscar alternativas que permitam ampliar as possibilidades de apreendê-las. Não se trata de desconsiderar o lugar de relevância da sexualidade e do Édipo na constituição da subjetividade. Muito menos de substituir um modelo por qualquer outro que ocupe o mesmo lugar de fundamento que ele ocupa tradicionalmente. O que aqui se coloca é que qualquer modelo montado num fundamento jamais dará conta da diversidade e da singularidade das experiências humanas.

Daí a importante referência de Winnicott, porque foi para isso que ele atentou a partir do seu trabalho psicanalítico com psicóticos e com a experiência de evacuação das crianças londrinas durante a Segunda Guerra Mundial. Em um de seus artigos tardios, publicado em 1967, "A localização da experiência cultural" (Winnicott, 1975a), ele chegou a dizer que há uma questão não enfrentada pela psicanálise, qual seja, *sobre o que versa a vida, ou o que é sentir-se vivo e real*. Segundo ele, a psicanálise descreveu corretamente a significação das experiências pulsionais e das reações à frustração, mas não teve a mesma clareza quando se trata de experiências que não têm uma ancoragem pulsional, como brincar, ouvir uma música, apreciar uma obra de arte, ler ou praticar um esporte. Indo mais longe, afirmou que as gratificações instintuais tornam-se seduções quando não existe uma experiência de existir. Não é a satisfação instintual, diz ele,

> . . . que faz um bebê começar a existir, a sentir que a vida é real, a achar a vida digna de ser vivida . . . É o *self* que tem de preceder o uso da pulsão pelo *self*; o cavaleiro deve dirigir o cavalo e não se deixar levar. (p. 137)

É nesse campo que brota toda a originalidade de seu pensamento e a sua grande contribuição para deslocar o Édipo e a sexualidade da tradicional posição de fundamentos da subjetividade. Abre, assim, veredas para transitar em dimensões da experiência humana para as quais as lentes do modelo fálico edípico nos tornaram míopes.

Amparado por uma prática pediátrica que lhe possibilitava um estreito contato com as mães e seus bebês, tanto nas situações de doença como em situações saudáveis, Winnicott ofereceu-nos uma leitura da dependência, cuja ênfase recaía sobre o que acontece no princípio da vida, na relação deste par indissociável, denominado por ele de organização meio ambiente- indivíduo.

No texto "Desenvolvimento emocional primitivo" (Winnicott, 1978a), ele sinaliza para as suas diferenças com a teoria freudiana, ao afirmar que nada teria a acrescentar na técnica de Freud quando se trata de analisar pessoas totais que se relacionam com pessoas totais. Pessoas totais, para ele, são aquelas que desenvolveram a capacidade de reconhecer a alteridade e viver a ambivalência nas relações com outro. A tese principal de seu texto é que, antes de conhecer a si mesmo e ao outro, de tomar o outro como objeto de investimento erótico, o indivíduo percorreu um longo caminho de construção da existência. E, segundo ele, tanto a teoria freudiana como a kleiniana não se ocuparam da construção desse caminho.

A partir daí, mesmo sem provocar rupturas com esses autores, reconhecendo-os, mas recriando-os, Winnicott vai afirmando suas diferenças, as quais, ressaltadas, longe de desqualificar qualquer teoria, permitem transitar entre paradigmas que se atravessam, ampliando o nosso repertório de escuta clínica e de ação analítica.

Com a famosa afirmação de que "Bebê é uma coisa que não existe" (Winnicott, 1978b), querendo dizer que um bebê jamais é visto sozinho, sem o entorno de cuidados a ele dispensados, Winnicott explicita sua noção de meio ambiente facilitador ou suficientemente bom. Chamava atenção para o fato de que o centro do processo de desenvolvimento não é o bebê, mas a organização meio ambiente-indivíduo, uma espécie de "dois em um"[1] completamente interdependente.

Essa noção de meio ambiente suficiente bom representa uma grande contribuição à psicanálise e um divisor de águas no campo psicanalítico. Com essa noção, Winnicott desmonta a ideia de que o indivíduo precede a realidade ou a cultura. Leitor de Darwin desde a

---

[1] Essa expressão foi usada por Zeliko Loparik numa conversa informal.

juventude, provavelmente bebeu nessa fonte as ideias que o levaram a desenvolver o que hoje poderíamos chamar de uma visão "ecológica" do desenvolvimento. Assim, enquanto para Freud a relação eu-outro/ sujeito-cultura é ontologicamente de oposição e conflito, para Winnicott, as primeiras relações entre o bebê e o meio ambiente, representado pela mãe ou pelos cuidadores, são potencialmente pautadas pela interdependência e reciprocidade, não pela submissão ou pelos conflitos. Isto porque, graças à capacidade que a mãe comum tem de se identificar com seu bebê e de se adaptar ativamente às suas necessidades, a submissão, o conflito e, consequentemente, o trauma seriam experiências possíveis, mas jamais constitutivas ou próprias da condição humana. Bem ao contrário, representariam acidentes de percurso, efeitos da falha do ambiente em sua tarefa inicial de propiciar ao bebê a construção dos processos primários da existência: a experiência de sentir-se integrado, a experiência de habitar o próprio corpo e a experiência de encontro criativo com a realidade. O conjunto dessas experiências é a base do estar vivo e sentir-se real.

Estar vivo e sentir-se real. Essa era a questão crucial para Winnicott. Enquanto para Freud e Klein, com as lentes da sexualidade e do Édipo, a questão central era a satisfação libidinal e, consequentemente, as relações conflitivas do indivíduo com o outro e a cultura, Winnicott as via como parte do panorama mais amplo das possibilidades para a autenticidade, o que ele chamou de sentimento de estar vivo e sentir-se real.

Para ele, o sentimento de estar vivo e sentir-se real tinha sua base nas relações iniciais de dependência primária absoluta, nos cuidados reais dispensados ao bebê pela mãe ambiente. Essa distinção entre mãe ambiente e mãe objeto é importante para compreendermos o que Winnicott chamava atenção. A mãe ambiente é aquela que oferece ao bebê o suporte necessário para que ele desenvolva um sentimento de existir de forma integrada e contínua. E isso se dá por meio dos cuidados reais que dispensa a seu bebê, profundamente identificada com suas necessidades, segurando-o, tocando-o e apresentando-lhe o que lhe é externo, de tal forma que lhe proporcione a ilusão de que aquilo foi criado por ele. A mãe ambiente é a base da constituição do *self*, aqui entendido como experiência de si, que, segundo Winnicott, não tem uma ancoragem pulsional. No começo da vida, o bebê não busca a satisfação pulsional com o objeto, mas uma proximidade e uma intimidade com ele (Phillips, 2006). A mãe objeto, alvo e fonte da satisfação pulsional, é uma construção gradativa que, se houve uma boa provisão ambiental, o bebê encontra como uma experiência enriquecedora do *self*. Não fossem os cuidados maternos que fortalecem e protegem o *self* do bebê, a satisfação pulsional seria invasiva e exigiria dele uma adaptação submissa à realidade. Daí a sua afirmação de que as pulsões servem ao *self*, mas não o constituem.

São evidentes suas diferenças com Freud e Klein. Para eles, o objeto é, desde início, objeto de investimento pulsional, e o bebê, movido pela busca de uma satisfação impossível, encontra-o numa experiência traumática, marcada pela perda e pela frustração. É certo que, em sua primeira tópica e primeira teoria pulsional, Freud concebeu um eu não sexual, assentado nas necessidades de autoconservação; sabemos, no entanto, que, desde a elaboração do conceito de narcisismo, essa ideia perdeu completamente a força, cedendo espaço para o eu sexual que ocuparia um lugar central em sua teoria. Klein, por sua vez, embora tenha colocado em cena as relações objetais precoces, continuou compreendendo a constituição subjetiva, desde o início, no campo do investimento pulsional, dando ao sadismo e à destrutividade primários, manifestações precoces da sexualidade infantil, um lugar crucial na constituição psíquica. Daí a pouca atenção dos dois autores aos cuidados reais dispensados ao bebê pela mãe no início da vida. Ainda que, quando interpelada por Winnicott, afirmasse que levava em consideração a mãe e os cuidados maternos, Klein não estava falando da mãe real e dos cuidados reais dispensados ao bebê. O seu foco recaía na representação mental dos prazeres e das frustrações nas relações objetais, moldados pelas fantasias inconscientes. Daí Winnicott (1983) afirmar que a obra de Klein ". . . foi a mais vigorosa tentativa de estudar os primeiros processos do desenvolvimento da criança humana na primeira infância, em separado dos cuidados para com a mesma" (p. 116).

Essa negligência em relação aos primeiros cuidados, apontada por Winnicott, é perfeitamente compreensível. O fato é que Klein, seguindo Freud, tomou o Édipo como metáfora da constituição subjetiva. O foco de ambos eram as relações triangulares, movidas pelo conflito e pela interdição, que engendram a lógica da castração, na qual o tripé frustração, separação e perda ocupam um lugar constitutivo da subjetividade. Para eles, o homem é um ser dividido e fadado pelas contradições impostas pelo seu desejo, estabelecendo com o outro e com a cultura uma relação ambivalente e frustrante. Daí a afirmação de Lionel Trilling, citada por Winnicott no texto "O lugar em que vivemos". Para Freud, diz Trilling:

> . . . há um tom honorífico no emprego da palavra cultura; ao mesmo tempo, porém, como não podemos deixar de perceber, há no que ele diz sobre a cultura uma nota infalível de exasperação e resistência. A relação de Freud com a cultura deve ser descrita como ambivalente. (Trilling, citado por Winnicott, 1975b, p. 147)

Foi a partir dessa posição que, como sabemos, Freud propôs a sublimação como possibilidade de realização do homem na cultura.

Ressaltando os limites do conceito de sublimação para compreender a atividade criativa, Winnicott oferece outra possibilidade. Para ele, a cultura é o espaço mesmo da realização do indivíduo: "Quando se fala de um homem . . . fala-se dele juntamente com a soma de suas experiências culturais" (1975b, p. 137).

E tais experiências são pensadas por ele como uma ampliação da ideia de fenômenos transicionais e do brincar. Se o espaço da cultura é pensado como uma ampliação do espaço transicional, então é no espaço da cultura que frui a capacidade inventiva e a criadora do indivíduo, caso ele tenha desenvolvido a capacidade de brincar. "É no brincar, e talvez apenas no brincar, que a criança ou o adulto fruem sua liberdade de criação" (1975c, p. 79).

É nesse espaço intermediário, um espaço entre a subjetividade e a realidade compartilhada, na área dos fenômenos transicionais, que experimentamos a vida. Daí Winnicott sugerir que uma psicoterapia acontece na superposição de duas áreas lúdicas, a do paciente e a do terapeuta. Num tom de provocação, acrescenta que, se o terapeuta não pode brincar, não é adequado ao trabalho; se é o paciente que não pode, é preciso ajudá-lo a ser capaz de fazê-lo, e só então a psicoterapia pode começar (1975c, p. 80). O brincar é essencial porque é por meio dele que o indivíduo pode expressar-se como eu sou, eu estou vivo, eu sou eu mesmo.

Recorrerei, em seguida, a uma breve vinheta clínica para ilustrar o que estou falando.

Tratava-se de uma mulher jovem, bem-sucedida profissionalmente, com uma carreira de sucesso garantida por um concurso público. Fez um percurso de seis anos de análise comigo, já encerrada há algum tempo.

Na primeira sessão, disse que me havia procurado por sugestão de uma amiga, mas não sabia bem se precisava de terapia. Achava-se *bem resolvida* e feliz. Apenas uma coisa a incomodava um pouco: não conseguia levar adiante suas relações amorosas. Sempre colocara a vida profissional em primeiro plano e até pouco tempo esse fato não a afetava em nada, mas, de um tempo para cá, sentia falta de uma relação mais estável.

Iniciamos a análise e, por mais de um ano, a paciente narrava-me, a cada sessão, fatos de sua vida cotidiana, de uma forma que me dava a impressão de que falava de uma representação da qual era uma distante protagonista. Chegava a cometer lapsos, falando de si própria na terceira pessoa.

Quando já havíamos feito um bom percurso, já no final do segundo ano de análise, comentava como se sentia diferente, percebendo que se dizer *bem resolvida* era uma farsa, uma forma de evitar o sofrimento, de dar a entender que não precisava de nada nem de ninguém. "Agora me sinto mais vulnerável, no entanto sinto-me muito mais em paz."

Não mantinha, já há um bom tempo, relação amorosa. Pela primeira vez, desde a adolescência, estava sem um namoro ou paquera, mas, dizia ela, "*sinto uma sensação de bem-estar, de estar de bem comigo, de me sentir eu mesma*". De fato, havia tido algumas relações amorosas mais "reais". A última delas foi bastante diferente de todas as outras e, pela primeira vez, tive a sensação de que se tratou de uma experiência "real", que acabou de forma bastante difícil para a paciente. O intenso sofrimento vivido com esse rompimento parecia uma experiência inaugural em sua vida, muito diferente do que ela vivia quando me falava: "*Parece que passo batido pelas coisas que acontecem na minha vida. Como se não soubesse senti-las. Parto logo para resolvê-las*". Era isso que significava o sentir-se "*bem resolvida*" a que ela se referia no início da análise. De fato, sua vida era muito "*bem resolvida*", mas ela não a sentia real. Bem ao contrário, começava a se dar conta de que "passava batido" pela vida, resolvendo-a quase burocraticamente.

Foi nesse momento de sua análise que tivemos uma sessão muito marcante. Após um silêncio de alguns minutos – o que era inusitado, pois a paciente não demorava mais que alguns poucos segundos para começar a falar –, iniciou dizendo que sempre preparava bem o conteúdo de cada sessão, mas naquele dia talvez não tivesse mesmo nada de interessante para me contar. Perguntei se ela me falava apenas o que achava que seria interessante para mim. Ela riu um pouco, fez outro breve silêncio e continuou: "*Sabe, Ana* [me surpreendi porque até então ela me chamava de doutora], *eu sempre fui assim. Sempre achei que precisava ser interessante para os outros. Vai ver que nessas tentativas eu termino sendo mesmo é muito desinteressante...*" Depois de uma breve pausa, continuou: "*Nunca havia pensado nisso, mas será que é assim que eu fazia com os homens com os quais me relacionei? Será que é isso que me deixava tão pouco à vontade com eles?*" Ela chorou um pouco e prosseguiu: "*Hoje, quando cheguei aqui, pensava em lhe propor diminuir uma sessão, mas agora estou com a sensação de que estou começando a análise hoje*". Eu comentei que talvez ela estivesse dizendo-me que agora sabia a diferença entre se relacionar comigo e ser interessante para mim. E que ela estava gostando disso. Não cheguei a dizer-lhe, mas eu também passei a gostar muito de me relacionar com ela.

Gosto muito de literatura infantil, e gosto mais ainda de contar história. Peguei então um livro e disse que ia contar-lhe uma história infantil que tinha a ver com o que estávamos vivendo.

Era a história de Leo e Albertina.

Leo era um porco feliz com sua vida de porco. Gostava de conviver com seus amigos porcos e chafurdar com eles nas poças de lama. Até o dia em que conheceu Albertina, uma linda galinha, e apaixonou-se perdidamente por ela.

O problema é que Albertina não deu bola para Leo, e ele não se conformava com isso. Não sabia o que fazer para chamar a atenção dela. Desesperado, resolveu pedir ajuda aos outros animais.

O primeiro deles, claro, foi o galo. Leo achava que ele era o mais entendido em conquistar galinhas. Quando Leo lhe perguntou o que fazer para conquistar uma galinha, o galo respondeu: "Cante! Galinhas adoram quando cantamos para elas". Seguindo obedientemente o entendido conselho do galo, Leo foi cantar na porta do poleiro de Albertina. Que desastre! Ao cantar com aquela sua voz de porco, fez Albertina fechar os ouvidos. Leo saiu desolado.

Não conformado, foi consultar o peru. "Galinhas gostam de trajes exuberantes", disse-lhe o peru, exibindo suas penas coloridas, daquele jeito que fazem os perus quando querem exibir-se e impressionar. "Cuide de sua aparência; vista-se melhor", disse ele. Leo novamente obedeceu e colocou chapéu e meias coloridas que ficaram estranhíssimas naquele seu corpo de porco. Albertina esnobou-o, virando a cabeça para o outro lado. Leo ficou arrasado!

Ainda sem desistir de seu sonho de conquistar a galinha, Leo consultou o coelho, o pato e o touro. Seguindo literalmente seus conselhos, deu pulos acrobáticos, fez piruetas na lagoa e exibiu toda a força que podia. Para todas essas peripécias desastradas, Albertina torceu acintosamente o nariz, no caso, o bico.

Leo desistiu! Desconsolado, admitiu que jamais conquistaria Albertina. Teria de se conformar com sua vida triste e vazia sem ela. Mas, ao passar cabisbaixo por uma grande e apetitosa poça de lama, viu Gastão, seu amigo porco, chafurdando nela na maior satisfação. Gastão convidou-o para se divertir com ele, e Leo não titubeou: atirou-se na lama e os dois brincaram na maior alegria emporcalhada, como porco gosta de fazer. A brincadeira era tão gostosa que atraiu os outros bichos e todos entraram nela: galo, peru, pato, coelho, touro, todos brincavam pra valer. De repente, imaginem, Leo deu de cara com Albertina, toda enlameada, sorrindo para ele e falando: "Leo, estou adorando brincar com você". Leo não resistiu e, quase num suspiro, falou: "Eu amo você, Albertina!" E os dois deram-se as mãos e saíram saltitantes e felizes (Davanier, 1998).

Ao terminar a história, fizemos um breve silêncio; a paciente riu e depois chorou um pouco. Disse-me que ia comprar o livro; eu o dei para ela.

A partir dessa sessão, fomos diferentes uma com a outra. Sua análise não estava começando naquele momento, como havia falado (mesmo porque graças a ela é que tínhamos chegado até ali), mas, com certeza, ela não precisou mais preparar antecipadamente o conteúdo das sessões. A experiência analítica não passava batido e, por isso, valia a pena ser vivida para nós duas. Brincar alegre e livremente numa poça de lama passou a ser para nós uma boa metáfora do que é viver criativamente e sentir-se real.

Referências

Davanier, C. (1998). *Leo e Albertina*. São Paulo: Brinque-Book.

Phillips, A. (2006). *Winnicott*. São Paulo: Ideias e letras.

Winnicott, D. W. (1975a). A localização da experiência cultural. In *O brincar e a realidade*. Rio de Janeiro: Imago.

Winnicott, D. W. (1975b). O lugar em que vivemos. In *O brincar e realidade*. Rio de Janeiro: Imago.

Winnicott, D. W. (1975c). O brincar. In *O brincar e a realidade*. Rio de Janeiro: Imago.

Winnicott, D. W. (1978a). Desenvolvimento emocional primitivo. In *Da pediatria à psicanálise*. Rio de Janeiro, Francisco Alves.

Winnicott, D. W. (1978b). Ansiedade associada à insegurança. In *Da pediatria à psicanálise*. Rio de janeiro: Francisco Alves Editora.

Winnicott, D. W. (1983). Classificação: existe uma contribuição psicanalítica à classificação psiquiátrica? In *O ambiente e os processos de maturação*. Porto Alegre: Artes médicas.

5

O humor como experiência transicional[1]

Ana Maria Rocha de Oliveira

> O principal é a intenção que o humor transmite, esteja agindo em relação quer ao eu, quer a outras pessoas. Significa: "Olhem! Aqui está o mundo, que parece tão perigoso! Não passa de um jogo de crianças, digno apenas de que sobre ele se faça uma pilhéria!"
>
> (Freud, 1927)

As palavras de Freud introduzem bem a temática do humor, sobre a qual desejo trazer algumas contribuições. Não pretendo aprofundar-me no tema, mas apenas formular, com base no relato de um caso clínico, como o humor – tomado aqui como expressão elaborada da realidade – se tornou um recurso importante no manejo do trabalho analítico com um adolescente. O humor como recurso clínico parece-me ainda pouco explorado, mas se tem revelado de grande utilidade para alguns pacientes, em determinados momentos de suas análises.

Dentre o material clínico desse adolescente, selecionei algumas sessões nas quais o humor fora introduzido, além de algumas outras que situarão o leitor sobre as condições em que ele se encontrava quando chegou e do rumo que sua análise tomou. Ao longo do relato do caso, abordarei algumas contribuições de Freud à questão do humor,

---

[1] A primeira versão deste trabalho foi apresentada para efeito de meu reconhecimento enquanto Psicanalista do Círculo Psicanalítico de Pernambuco, na reunião científica de 9 de dezembro de 2002, em Recife, Pernambuco.

propondo também algumas aproximações entre o humor em Freud e o brincar em Winnicott.

Esse adolescente, a quem passarei a chamar Gil, contava catorze anos quando seus pais me procuraram, muito aflitos, alegando que o filho não estava nada bem. Não podia ouvir falar em doenças (tétano, leptospirose, hepatite, dengue), que já começava a sentir os sintomas, e andava apavorado principalmente com a Aids. Lavava as mãos o tempo inteiro e nunca as considerava suficientemente limpas. Precisava perguntar várias vezes aos pais se não havia veneno em sua comida, antes de conseguir comer, como também precisava certificar-se, reiteradas vezes, se não morreria dormindo, antes de conseguir conciliar o sono. Agora a novidade é que estava com medo de virar gay e, sobretudo, com medo de estar ficando louco.

Gil é o mais velho de uma família de três filhos. Nasceu com uma infecção generalizada, de origem desconhecida, que o deixou vários dias na UTI neonatal, entre a vida e a morte. Apresentava uma deficiência visual que o obrigava a usar lentes corretivas incomuns, mas que lhe permitiam levar uma vida normal.

Segundo os pais, até pouco tempo, o filho parecia bem; sempre fora bom aluno, mas nunca tivera muitos amigos. Tinha alguns colegas na escola e no prédio, tocava teclado e cantava, mas, principalmente, gostava muito de ler. Na ocasião da chegada de sua irmã, quando contava aproximadamente seis anos, esteve muito agressivo e rebelde, período em que procuraram ajuda de um psicólogo na cidade onde moravam, permanecendo em terapia por algum tempo, quando então voltou ao seu jeito habitual.

Somente há alguns meses, esses medos esquisitos apareceram, coincidentemente, quando ele viajou sozinho pela primeira vez, numa excursão da escola. A partir de então, andava rezando muito, lendo livros de medicina que falavam de doenças e repetindo rituais exaustivos para comer e dormir.

O pai atribuía à dificuldade visual do filho todos esses problemas atuais, inclusive a sua antiga dificuldade em fazer amigos. Falou do pavor que era para ele conviver com a possibilidade da deficiência visual do filho ser progressiva, mesmo sabendo, por meio de especialistas consultados, que isso era improvável de acontecer. Definia a si mesmo como alguém muito organizado, obsessivamente responsável e preocupado com o trabalho e com a família.

Para a mãe, as dificuldades do filho advinham de certa distorção em sua educação; achava que tanto ela quanto o marido o haviam superprotegido demais e que, desde bebezinho, o medo de perdê-lo tinha sido enorme. Considerava-o muito exigente, manipulador, inseguro e extremamente grudado nela. Definia a si mesma como alguém de temperamento forte, que ditava ordens para todos dentro de casa e gostava de que tudo saísse à sua maneira. O casal parecia bem entrosado entre si e ambos se mostravam unânimes em considerar o filho um rapaz extremamente inteligente e sensível, e orgulhavam-se muito disso.

Gil chegou após a sessão dos pais, visivelmente angustiado. Muito magro e abatido, disse que não aguentava mais sentir tantos medos, principalmente o pior deles, o de estar enlouquecendo. Tinha sua própria *hipótese* sobre o que estaria passando-se consigo, mas saber disso, segundo ele dizia, não lhe trazia alívio algum.

Sua hipótese era a de que seus medos apareceram depois de ter tido experiências sexuais com um colega de turma, as quais o haviam deixado sentindo-se *muito sujo*, e a outra razão teria sido o *trauma* com a prima. Trauma era como se referia a um fato acontecido por volta de seus dez anos, quando se havia levantado à noite, ido ao quarto dessa prima mais velha, que morava com eles, e a encontrado dormindo nua. Tudo isso foi relatado no início de nossos encontros, numa forma bastante intelectualizada, com total distanciamento afetivo, parecendo não se tratar dele próprio.

Em nosso primeiro encontro, pediu-me com insistência que lhe dissesse se estava ou não ficando louco: *Eu preciso saber se estou ficando louco. Acho que estou, porque é como se eu tivesse duas cabeças: uma pensa e quer o que é certo, fala e conversa normalmente com as pessoas, enquanto a outra fica pensando coisas eróticas – sexo oral, anal, por exemplo –, coisas sem sentido.* Por causa disso, ele não estava mais conseguindo olhar as pessoas nos olhos, como se só as pudesse ver da cintura para baixo. Precisava então, com urgência, saber de mim se estava ou não ficando louco.

A essa altura, lembro que, entre outras coisas, lhe falei mais ou menos o seguinte: se ele já tinha ouvido falar que os homens têm duas cabeças e que nem sempre a cabeça de baixo costumava pensar como a cabeça de cima, e, às vezes, isso causava muita confusão. Ele ficou muito surpreso com o que falei; sorriu timidamente, meio sem jeito, mas pôde descontrair-se um pouco e continuar a falar-me de seus medos.

Hoje, pensando no que se passou, entendo que essa ousada intervenção formulada no primeiro encontro, à qual ele reagiu demonstrando ter senso de humor, não apenas lhe apontou outro sentido, outra direção para o que ele experimentava, como também permitiu estabelecer-se entre nós a confiança necessária para que fosse possível, a ele e a mim, perceber o que lhe estava acontecendo, inclusive em seus momentos de dissociação, de um outro lugar que não o da loucura.

Desde as primeiras sessões, o medo de enlouquecer cedeu lugar a medos variados, sempre tendo por pano de fundo, segundo ele próprio dizia, o pior deles: o medo da morte. Se durante uma semana deixava de tomar água em copos de vidro e evitava entrar em contato com qualquer objeto de vidro, com medo de que se quebrasse e alguns dos pedaços entrassem na sua boca, na outra semana isso já não o incomodava mais; no entanto, evitava passar pelo corredor de sua casa, no qual havia um termômetro pendurado na parede, com medo de que este caísse, quebrasse, e ele se contaminasse com o mercúrio ali contido,

O humor como experiência transicional

pois aprendera na escola como esse produto faz mal à saúde, e assim por diante.

No início, suas sessões resumiam-se a infindáveis explicações técnicas sobre sintomas de doenças e sobre as últimas descobertas científicas sobre a cura dessas doenças e sobre a longevidade. Impressionava-me muito o controle massacrante que sua mente fazia a ele próprio e ao ambiente: controlava rigorosamente o seu horário de entrada e saída da sessão, percebia e reclamava das mínimas alterações no mobiliário ou nos objetos do consultório. O rigor com que conduzia as palavras em seu discurso era para ele razão de muita preocupação: *Precisam ser exatas,* ele mesmo dizia, *eu penso no meu futuro como uma coisa milimetricamente traçada, como uma planta de uma casa, com tudo medido, calculado: é assim que eu quero ser e pronto! Eu tenho de conseguir ser assim. Eu quero ser um homem, um homem de verdade. Um homem de verdade é um homem de bem, que faz as coisas certas: casar com uma mulher, ter filhos, sem ter vontade de transar com homens.*

Quando fiz alusão a que nesse projeto tão bem traçado ele não havia deixado espaço para o que sentia, respondeu-me prontamente que o mais difícil em relação aos sentimentos era *não saber usar as palavras certas, exatas,* para falar sobre eles: *Eu só sei que tem momentos que os sentimentos me invadem e me tomam todo; é quando eu perco o controle, é quando eu penso que vou enlouquecer! Um homem de verdade tem de controlar suas emoções e seus sentimentos! Pronto, eu falei meu problema, agora é só você armar a conta e encontrar a solução. Diga, Ana Maria, qual é a solução para meu problema?*

Eu tinha de fazer um esforço enorme para não embarcar nas armadilhas das discussões lógicas para as quais ele me convocava todo o tempo. Sentia-me completamente imobilizada pela rigidez de suas palavras e, muitas vezes, irritada comigo mesma, quando, pelo mínimo descuido, eu caía nessas armadilhas.

Como num dia em que me falou que havia ficado a tarde inteira observando se sua mandíbula estava enrijecendo, pelo medo de ter contraído tétano, mesmo já sendo vacinado. Caindo na besteira de perguntar se era mesmo sua mandíbula que estava enrijecendo, tive de escutá-lo responder, muitíssimo satisfeito: *Mas você não sabe que esse é um dos sintomas do tétano?* Assim, passou a discorrer, com profusão de detalhes, sobre os sintomas dessa doença, até o final da sessão. Calada no meu canto, eu tinha vontade de morder minha própria língua.

Por tudo isso, acreditava que o manejo das sessões seria muito importante para ele naquele momento, pois, afinal de contas, que liberdade associativa poderia advir daquela comunicação burocrática e aprisionada? Que função teria nessas condições um trabalho clássico que pressupõe, no analisando, uma condição de livre associação? Intuía que viveríamos uma aventura intensa.

Somente muito tempo depois de iniciado o trabalho com ele, ao reler o artigo "A mente e sua relação com o psique-soma", de Winnicott (1949), pude entender com mais clareza e com experiência de causa que não poderia ter tido escolha melhor para conduzir o trabalho com Gil. Nesse artigo, Winnicott propõe entendermos o crescimento excessivo da função mental como uma reação a uma maternagem inconstante; diz ele:

> No crescimento excessivo da função mental como reação a uma maternagem inconstante, vemos que é possível o desenvolvimento de uma oposição entre a mente e o psique-soma, pois, em reação a este estado anormal do meio ambiente, o pensamento do indivíduo começa a controlar e organizar os cuidados a serem dispensados ao psique-soma, ao passo que na saúde esta é uma função do meio ambiente. Quando há saúde, a mente não usurpa a função do meio ambiente, tornando possível a compreensão e, eventualmente, a utilização de seu fracasso relativo. (p. 414)

Nesse sentido, entendia que somente a confiança na relação transferencial, necessária ao estabelecimento de um *holding* no qual pudesse experienciar, na regressão, situações de integração, poderia permitir a Gil, quem sabe, construir outras formas de lidar consigo próprio e com o meio ambiente, que não fossem tão rigidamente submetidas ao controle dessa forma de *mente-psique, dissociada do soma,* como formula Winnicott (1949).

Para mim, a forma de sustentação psíquica de Gil podia ser simplesmente traduzida como uma expressão de um *não brincar,* que, ao meu ver, denunciava uma possível ruptura em sua experiência de continuidade de existência, que não pôde ser suprida pela instauração de um espaço transicional. Segundo Winnicott (1971), é no espaço transicional que o indivíduo sente que existe, porque se sente criando e agindo. Como ele mesmo diz:

> . . . existe uma parte da vida do ser humano que não podemos ignorar, a terceira parte que constitui uma área intermediária de *experimentação* [itálico meu], para a qual contribuem tanto a realidade interna quanto a vida externa. Trata-se de uma área que não é disputada, porque nenhuma reivindicação é feita em seu nome, basta que ela exista como um lugar de repouso para o indivíduo empenhado na perpétua tarefa humana de manter a realidade interna e externa separadas, ainda que inter-relacionadas . . . Reivindico aqui um estado intermediário entre a inabilidade de um bebê e sua crescente habilidade em reconhecer e a aceitar a realidade. Estou, portanto, estudando a substância da ilusão, aquilo que é permitido ao bebê e que, na vida adulta, é inerente à arte e à religião. (p. 1)

Em consequência, onde o brincar não é possível, o trabalho deve ser dirigido no sentido de trazer o paciente de um estado em que não é capaz de brincar para um estado em que o é (Winnicott, 1975). Isso para mim fazia todo o sentido quando estava diante de Gil.

Clinicando com humor: estás brincando?!

Impressionava-me que, em seu medo de morrer, Gil praticamente antecipava para si a condição de morte que tanto evitava. Por conta dos medos, havia praticamente abandonado as atividades de que gostava: o futebol do bairro onde morava, as aulas de inglês, os passeios de bicicleta; até mesmo frequentar a escola se tornara um suplício. Quando um dia me perguntou se eu não achava que seu maior medo era o da morte, eu respondi-lhe que o seu maior medo era o da vida, pois ele praticamente já estava morto. Ele ficou muito impressionado ao constatar que estava cada vez mais *desligado* das coisas de que gostava por causa dos medos, como um *morto-vivo,* segundo suas próprias palavras. Dizia-me que queria muito viver, mas num mundo que fosse do seu jeito: para viver, precisava sentir-se seguro e protegido.

Após muitas e muitas sessões escutando-o falar sobre como o mundo deveria ser, para que pudesse sentir-se incluído, criei uma situação fantasiosa, em que lhe propus algo assim:

— Faz de conta que eu estava chegando a esse seu mundo, Gil, você poderia apresentá-lo a mim?

Ele entrou na brincadeira imediatamente, e o que se seguiu foi mais ou menos o seguinte:

— Ah, eu vim aqui porque eu soube que este mundo é muito diferente do meu. O senhor poderia mostrá-lo a mim?

Ele respondeu:

— Claro, pode vir; veja como este mundo é diferente, é ótimo...

— É verdade que aqui não tem doenças de espécie nenhuma?

— Ah! É verdade, aqui não tem doenças, nem acidentes; você não precisa se preocupar com assaltos, por isso as pessoas aqui não morrem nunca.

– É mesmo? Mas então daqui a pouco vai ficar bem apertado por aqui, não é? Já pensou com toda essa gente nascendo sem morrer ninguém?

– Ah! Isso não é problema, porque, para cada pessoa que nasce aqui, a terra aumenta não sei quantos metros, nascem não sei quantas árvores, a natureza produz mais oxigênio, mais água... Nunca vai faltar nada!

– Puxa... Impressionante! Mas, me diga uma coisa, é verdade também que por aqui a gente pode ter tudo o que quiser?

– É isso mesmo! Aqui a gente só faz o que quer, e você pode ter tudo o que quiser também. Aqui nem existe dinheiro!

– Bem, se é assim, então, por favor, me dê seus óculos!

Ele, muito espantado, perguntou:

– Mas os meus óculos? Por quê?

– Você não disse que neste mundo eu poderia ter tudo o que eu quisesse? Pois então, eu quero os seus óculos!

– Ah, mas não precisa você levar os meus óculos, não! Olhe, aqui tem muitas lojas; você pode pegar os óculos que você quiser e nem precisa pagar!

– Ah! Eu entendi direitinho, mas me desculpe insistir: os óculos que eu quero mesmo são os seus e pronto!

Ele, meio brabo, meio divertido, respondeu:

– Ah, Ana Maria, assim não vale! Logo os meus óculos... Com tantos óculos para escolher, querer logo os meus!

– Ué, mas você não falou que neste mundo era tudo diferente e que a gente fazia tudo o que quisesse?

– Ah, mas isso é uma "alma-sebosa"... Querer logo o que é do outro?!

A essa altura, eu lhe disse que, afinal de contas, aquele seu mundo não era assim tão diferente do nosso, enquanto que ele, entre divertido e revoltado, dizia que iria pensar até encontrar uma solução para as *"almas-sebosas"* no seu mundo.

Gosto de pensar essa sessão como uma espécie do jogo do rabisco que se processou num plano verbal, em que se podem ver duas pessoas brincando juntas. Nesse mundo ilusório, foi-lhe possível brincar com os sentimentos e as ações. Viver a ilusão de que nós e o mundo podemos existir para sempre, de que tudo está bem e sob nosso controle, como qualquer um de nós, que pode ter ilusão e, por isso mesmo, pode escapar de viver demasiadamente na concretude da realidad tocando a vida, apesar de tudo. Vale a pena lembrar que a palavra "lusão" se origina do latim *"ludere"*, que significa "brincar".

Muito cedo comecei a perceber que o humor durante as sessões introduzia um elemento de ruptura no discurso de Gil, o qual nos permitia *experienciar algo fora* desse massacrante circuito de repetição em que ele vivia. Talvez porque, como disse o próprio Freud (1927): "O humor não é resignado, mas rebelde. Significa não apenas o triunfo do ego, mas também o do princípio do prazer, que pode aqui afirmar-se contra a crueldade das circunstâncias reais" (p. 191).

E talvez porque, como ainda propõe Freud (1927):

. . . o humor, tem algo de liberador . . . possui também qualquer coisa de grandeza e elevação. . . . Essa grandeza reside claramente no triunfo do narcisismo, na afirmação vitoriosa da invulnerabilidade do ego. O ego se recusa a ser afligido pelas provocações da realidade, a permitir que seja compelido a sofrer. Insiste em que não pode ser afetado pelos traumas do mundo externo. (p. 190)

Por isso, no meu entender, o humor na cena terapêutica pode ter o estatuto de experiência transicional, algo equivalente ao brincar, tomado aqui como essa realidade transicional que nos garante a continuidade da existência, na qual coexistem o interno e o externo, a novidade e o hábito, a atividade e o repouso. Essa continuidade da existência, garantida pela realidade transicional, concilia o mundo das coisas e o das representações, da consciência e do inconsciente, do passado e do futuro, evitando que o sujeito, pelo esforço excessivo, delire ou paralise sua atividade mental (Winnicott, citado por Costa, 2002).

O trabalho prosseguia, e Gil já estava bem mais tranquilo; havia retomado algumas de suas atividades: frequentava regularmente a escola, o inglês e o futebol, quando, de uma hora para outra, apareceu com a ideia de que poderia morrer a qualquer momento. Passou a me telefonar várias vezes durante o dia (coisa que nunca fizera antes), dizendo que precisava que eu lhe *garantisse* que ele não iria morrer naquele momento. Os motivos eram muitos e os mais variados: porque estivera jogando descalço, quando avistou ao longe, um rato no campinho e, com isso, pensou que poderia ter se contaminado com a urina do rato e contraído leptospirose. Ou porque havia passado embaixo da caixa de um aparelho de ar-condicionado quando um daqueles pingos, segundo ele, sujos e contaminados, foi justamente cair na sua boca... Ou porque tinha pulado um portão de ferro da escola que estava enferrujado. E se tivesse contraído tétano? E assim por diante.

Ao telefone, eu não lhe dava muita atenção, e sempre perguntava o que ele deveria estar fazendo àquela hora em vez de estar ligando pra mim. É lógico que era sempre estudando que ele deveria estar: *Ana Maria, eu preciso que você me garanta que eu não vou morrer agora!* Eu lhe respondia que a única coisa que eu podia garantir, com absoluta certeza, era que, se ele não estudasse, se daria muito mal na prova do dia seguinte. Ele esbravejava: *Porra, velho, assim é lasca!*

Apesar de ser muito firme com Gil, estava extremamente preocupada e, além de concordar com um horário extra, solicitado, tinha resolvido rediscutir uma possibilidade de medicação para ele, quando, dessa vez, foi ele quem me surpreendeu.

Chegou no dia seguinte muito tranquilo para a tal sessão extra, batucando no peito e cantarolando baixinho uma canção. Eu, completamente perplexa diante do que estava vendo, disse-lhe que, para quem acreditava que não chegaria vivo à sessão daquele dia, ele me parecia muito bem! Pedi que me dissesse, enfim, qual era a música que ele estava cantarolando; ele não se fez de rogado e cantou, em alto e bom som, um conhecido samba de Zeca Pagodinho: *Descobri que te amo demais, descobri em você minha paz...*

A partir daí, mesmo nos momentos mais difíceis que surgiram depois, eu tinha uma convicção interna inabalável de que ele sobreviveria às suas angústias. E me tranquilizou enormemente saber que ele conseguira utilizar uma via lúdica para expressar seus sentimentos.

Brincando com as metáforas

Uma outra fase difícil foi quando apareceu em Gil um medo intenso de ficar cego; o tempo todo ficava fazendo testes para ver se não estava perdendo a visão. Contou que esse medo havia começado depois que estivera vendo um filme sobre a paixão de Cristo, quando então lhe ocorreu o seguinte pensamento: *Que todas as cegueiras do mundo venham para os meus olhos.* Pronto! Ficou morrendo de medo de que Deus atendesse a seu pedido. Estava muitíssimo arrependido, afinal de contas, como ele próprio disse, *n*ão era Cristo para fazer tamanho sacrifício pela humanidade.

Ter lembrado que naquela mesma noite, depois que os pais foram dormir, ele e o primo tinham mudado o canal da TV para assistir a um filme pornô, não bastou para afastar o medo. Seguiu-se uma longa conversa sobre religião, sobre como se sentia ludibriado pelos pais, por acreditar tanto tempo nas coisas que eles lhe diziam, desde Papai Noel até as teorias bíblicas sobre a origem do mundo. *A gente vai acreditar*

O humor como experiência transicional

89

em quê, afinal? Temos de escolher sozinhos em que acreditar e, se a ciência tem dado explicações mais convincentes, por que insistir na religião? Mas, e se eu estiver escolhendo errado? O medo do diabo cresceu e com ele a fantasia de que iria aparecer em sua frente para cegá-lo.

Em meio a toda sua angústia, que aprisionava seu discurso numa espécie de repetição de um disco arranhado, falei muito tranquilamente que toda aquela conversa me fazia lembrar uma canção que dizia assim: "Um diabo louro faiscou na minha frente com cara de gente bonita demais..." Ele, muito surpreso, mostrou-se interessado pela tal música, que não conhecia, e contei-lhe que Alceu Valença a havia composto para a menina que ele julgara a mais bonita no carnaval de Olinda naquele ano. O clima da sessão então mudou completamente. Gil passou a falar indignado de sua raiva das meninas da escola, as quais infernizavam a sua vida, *as diabas,* como passou a chamá-las. Contou do ódio que sentia quando se preparava todinho, tomava um banho prolongado, escolhia cuidadosamente suas roupas (chegava até a numerar suas roupas para não repeti-las), porque lhe haviam dito que mulher não gostava de que se repetisse roupa, e, apesar de tudo isso, *as diabas* nem prestavam atenção nele. Não sabia do que elas gostavam, nem sobre o que conversavam. Era difícil falar na frente delas porque tinha medo de gaguejar, de falar besteira e, ainda por cima, toda vez que tentava falar, ficava vermelho! Por isso estar com os colegas era muito mais fácil. *Não entendo as meninas, cara, elas são muito frescas.* Olhei para ele e disse muito calma: *Coroa!*

Ele divertiu-se muito com isso, e o jogo de palavras *cara-coroa"* inaugurou um longo período em que iria falar das diferenças entre os homens e as mulheres, a contar e recontar, inúmeras vezes, suas experiências sexuais com aquele vizinho e as intimidades com as primas. Era comum, para introduzir esses temas, utilizar as metáforas que havíamos construído juntos, por exemplo: *Andei pensando com a "cabeça-de-baixo",* ou, *conheci um "diabo moreno".*

Para mim, Gil utilizar metáforas para falar de suas experiências era extremamente animador, porque, como nos lembra Rosenfeld (1998), a metáfora no trabalho analítico não apenas descreve ou configura uma situação ou experiência emocional, mas também introduz algo novo e, nesse sentido, tem um poder transformador.

Minha hipótese é a de que o humor, no trabalho analítico, amplia, potencializa as possibilidades de transformação introduzidas pelas metáforas, não apenas porque gera inúmeras possibilidades de deslizamentos de sentido no discurso, mas, principalmente, porque subverte as condições afetivas até então experimentadas pelo indivíduo. Nesse sentido, o humor também na cena analítica, desaponta uma expectativa emocional imposta e aprisionada na compulsão ao sofrimento, expressando-a no discurso. Nessas condições proporcionadas pelo humor, analista e analisando compartilham a criação de algo novo.

Humor, criatividade, transgressão

Observei que poder utilizar metáforas que carregavam certo humor permitia a Gil experimentar a ambivalência e o novo não mais de forma aniquiladora ou dissociada, como antes, mas de uma forma criativa.

Passou a dizer que se sentia muito diferente, mas não sabia se isso era bom ou ruim. Estava confuso em perceber movimentos tão contraditórios nele mesmo e constatar, assombrado, o quanto as pessoas podiam ser diferentes: *Como alguém pode querer comprar um jeans com a bainha desfiada e já rasgado no joelho? Como alguém pode achar isso bonito?* Para ele, isso não fazia o menor sentido, e era-lhe muito estranho pensar na possibilidade de cada um ter seu estilo de vida.

Experimentava relativizar o mundo, e isso o deixava muito confuso, inseguro e vulnerável. Dizia-me que era mais fácil quando imaginava que havia um jeito certo e um errado de ser e pronto.

O humor como experiência transicional

Numa dessas ocasiões, citei-lhe um ditado popular que diz assim: "No mundo, encontra-se de tudo, não adianta churumela: há os que gostam dos olhos, e os que gostam da remela". Ele escutou divertido e enojado, seguindo numa longa conversa que rendeu várias sessões sobre o que imaginava ser remela e olhos para os pais, para alguns colegas, para ele mesmo e para mim. Foi quando lhe apresentei *O livro fedido* (Cole, 2002)[2], que ele achou maravilhoso. Lia-o em voz alta, num misto de nojo e satisfação; parecia mesmo "lambuzar-se" com o texto, que fala em melecas e porcarias; dava gosto compartilhar. Só para se ter uma ideia, culminou essa etapa criando as *"melecas-suculentas"*, com a qual passou a referir-se às vaginas.

Ainda nessa fase, lembro-me de uma sessão importante em que confessou estar muito confuso porque, como é que podia uma pessoa como ele, totalmente contra as drogas e contra tudo o que elas sustentam (o crime organizado, a marginalidade, a violência etc.), gostar das músicas de uma cantora que se drogava, como a Cássia Eller? *Isso não faz sentido! Afinal de contas, preciso ser coerente!* Tudo isso porque tivera muita vontade de baixar, pela *internet*, as músicas dela para aprender a cantar e a tocar no teclado, mas tinha ficado com muito medo, e queria saber de mim se correria algum risco *se cantasse Cássia Eller.*

Eu, bem rápido, respondi que sim, que, se ele cantasse alguém, correria pelo menos dois riscos: o primeiro de a pessoa aceitar, e o segundo de ela não aceitar. Em se tratando de Cássia Eller, com certeza ele não teria a menor chance. Ele desatou a rir de uma forma muito solta e espontânea. Enquanto dizia que eu era uma psicanalista completamente maluca, deliciava-se repetindo baixinho o que eu lhe dissera: *Cantar Cássia Eller!* Quando finalmente ele me falou qual era a música que tinha desejado aprender, comecei a cantarolar baixinho a

---

[2] Esse é um interessante livro infantojuvenil que traz, de forma bastante divertida e emporcalhada, as mais diversas situações de sujeiras e maus cheiros do mundo, e de como as crianças brincam, divertem-se e "transgridem" com todas essas "nojeiras".

tal canção, que, afinal de contas, tinha tudo a ver com o que estávamos vivendo. Ele ficou muito surpreso e começou a cantar junto comigo. Após alguns momentos, estava cantando sozinho a plenos pulmões: *Eu só peço a Deus um pouco de malandragem...* Em pensamento, eu torcia para que ele fosse atendido.

Dias depois, soube que Gil havia conseguido afinal baixar da *internet* todas as músicas de *Cássia Eller* que queria aprender e havia cantado a noite toda.

Depois dessa fase, passou a tratar nas sessões de assuntos e medos bem próprios de sua idade: medo de não conseguir passar no vestibular, de não conseguir ser um profissional bem-sucedido, de ver os pais envelhecerem, de não conseguir conquistar as garotas, de beijar errado, de não saber colocar a camisinha quando fosse ter relações sexuais, da ideia terrível da morte dos pais, mas, principalmente, da relação sexual com as mulheres, essa coisa *terrorífica*, segundo suas próprias palavras.

No final do segundo ano de trabalho, como boa parte dos seus sintomas tivesse praticamente desaparecido, seus pais interromperam o tratamento, considerando importante que Gil tivesse longas férias, apesar de minha contraindicação. Após quase três meses, ele então retornou muito perturbado.

Nessa ocasião, seus pais solicitaram-me ajuda, para convencê-lo a tomar uma medicação prescrita pelo psiquiatra, ao qual havia sido levado durante um momento difícil desse período em que estivera fora. Apesar de muito angustiado, recusava-se a tomá-la porque, segundo ele próprio dizia, *era também uma droga.*

Explicou-me que seu medo agora era que o desejo de experimentar as drogas fosse maior que o medo de suas consequências, pois não podia mais confiar nele mesmo. Considerava-se muito mudado e não sabia ainda se isso era bom ou ruim.

Em nossa conversa de retorno, contou-me que esse medo havia surgido após o *réveillon*, quando, à sua volta, viu muitas pessoas usando drogas. Descobrimos, no entanto, que o que mais o havia mobilizado nessa festa fora o fato de, à meia-noite, todos terem alguém para abraçar, menos ele, que permaneceu absolutamente sozinho, muito triste, vendo os fogos pipocarem no céu. Segundo suas próprias palavras, havia sido uma *experiência terrível!*

Depois de alguns encontros, aceitou tomar a medicação e seguiu-se um período em que foi acompanhado pelo psiquiatra que o medicava, enquanto continuava sua análise comigo.

Alguns meses depois, afirmava estar muito bem, e passou a se atrasar e a faltar às sessões. Ficava surpreso quando eu lhe dizia que o estivera aguardando, como sempre. Falava-me que a análise não era mais tão importante assim, podia muito bem passar sem isso, bom mesmo era o livro de autoajuda que estava lendo: *Ana Maria, você devia experimentar, é uma beleza, vai lhe fazer muito bem!* Dizia também que eu devia trabalhar menos e me divertir mais, pois estava muito *envelhecida,* andava mesmo *acabada.*

Era comum usar, para isso, tiradas divertidas, como: *Eita, Ana Maria! Esqueci de trazer sua bufunfa!* Eu tinha vontade de tirar o sapato e bater na cabeça dele, ao mesmo tempo em que me controlava para não rir. Reduzia-me à *mosca-do-cocô-do-cavalo-do-bandido,* para em seguida dizer, num movimento de reparação, que, apesar de tudo, não sabia bem o porquê, mas gostava muito de sua análise e *se as sessões não fossem tão caras,* se eu *não estivesse querendo virar Bill Gates,* ele até *gostaria de ter mais sessões.*

Integrando novas redescrições de si

Seguíamos dessa maneira até que, ao final de alguns meses, quando o psiquiatra já havia retirado a medicação, seguiram-se duas sessões com as quais vou finalizar este relato, pois, a meu ver, são fundamentais para percebermos os importantes remanejamentos psíquicos que se haviam operado em Gil até aquele momento.

Chegou a essa sessão muito triste. Cansado, disse ter-se dado conta de uma coisa muito importante: É que minha cabeça pensa demais, quer saber demais das coisas; *minha mente está sempre tentando controlar tudo e eu não quero mais isso para mim*. Achava que não adiantava mais saber de si e do mundo somente *com essa cabeça* e, por isso, pensava que estava precisando de *uma outra cabeça para os sentimentos. Podia ser no coração*, disse ele, afinal de contas, não entendia bem por que as pessoas localizavam os sentimentos aí, mas sua *cabeça do coração* talvez o ajudasse muito mais a viver, a experimentar as coisas do mundo, do que a sua *cabeça de cima.*

Eu o escutava extremamente comovida, profundamente tocada pela confiança que ele depositava em mim, naquele momento, para conseguir abrir a guarda, daquela maneira, de defesas tão rigidamente erguidas. Comovida, escutava-o referir-se a uma segunda cabeça, não mais como sinônimo de dissociação e loucura, como no início, mas como um redesenhar a si mesmo, numa busca criativa de integração. Eu tinha a sensação de que o escutava com todos os meus poros e que estávamos experienciando um momento intenso de sua análise.

Quando afinal ele ergueu os olhos para mim, nenhuma palavra que eu pudesse dizer traduziria o que acabávamos de experimentar ali. Fiz então em direção a ele um gesto tão comum aos jovens quando se encontram e se despedem, aquele que um oferece as mãos ao outro para ser tocado, depois se inverte a posição e, em seguida, os punhos fecham-se e tocam-se. Ele respondeu tão naturalmente a esse gesto, como se fosse habitual entre nós. Essa forma de comunicação, não verbal, estava em inteira sintonia com o que acabáramos de viver e deu conta do recado.

Ainda na porta de saída, voltou-se e falou que havia pensado em escrever tudo isso que me havia dito, mas ficou com medo de que fosse sua mente querendo novamente assumir o controle, por isso desistiu e achou melhor esperar sua sessão para falar-me e que tinha valido a pena esperar.

Na sessão que se seguiu, contou-me que havia experimentado uma coisa muito diferente. Estava na sala de aula e, de repente, deu-se conta de que não era ninguém. Mesmo quando os colegas o cumprimentavam ou quando participava da roda de conversa com aquelas pessoas com quem convivia há mais de oito anos, ele não era ninguém. Pela primeira vez, sentiu um desejo enorme de pertencer a esse grupo. Não daquela *maneira falsa* como sempre havia sido, mas queria sentir-se pertencendo, de verdade, àquele grupo. Demo-nos conta de que, durante todo esse período de análise, ele nunca havia nomeado um único amigo sequer. Havia sido, até então, *um ninguém* no meio de *anônimos*. Contou-me do sofrimento intenso que era para ele sua deficiência visual, como o estranhamento das pessoas em relação à sua aparência o fazia sentir-se estranho, semelhante a alguém que não pertencesse a esse mundo, *como um ET*, e isso lhe tinha dificultado muito as coisas.

Pôde, enfim, trazer de forma intensa as circunstâncias terríveis de seu nascimento, essa quase morte que lhe acontecera e o acompanhara vida afora, nas atitudes e nos temores de seus pais e nos fantasmas dele próprio. Esse *colapso* – quem sabe? –, acontecido, mas não *experimentado*, temido, mas insistentemente buscado, numa tentativa incansável de integração, como propõe Winnicott (1963).

O trabalho não parou por aí, mas, a partir disso, sua análise seguiu um percurso mais clássico, eu diria, em condições associativas bastante diferentes de quando ele chegou.

Esse caso clínico, a meu ver, ilustra bem o que penso quando proponho o humor como recurso muito útil no trabalho analítico. Tenho clareza de que toquei apenas superficialmente num campo muito fértil de pesquisa e acredito que teremos muito a lucrar com o aprofundamento de algumas questões aqui abordadas, pois a atitude humorística diante da vida é apenas um entre os vários métodos que a mente humana criou a fim de fugir à compulsão a sofrer. Entre a neurose, a loucura, a intoxicação, a absorção e o êxtase, o humor seria o único que, sem ultrapassar os limites da saúde mental, conseguiria interferir diretamente sobre a realidade e obter uma vitória sobre ela (Freud, 1969). Uma espécie de *vingança verbal* que modifica a relação do homem com o seu sofrimento, nas palavras de Kehl (2002). Por tudo isso, penso que na clínica não podemos deixá-lo esquecido.

Finalizo este relato trazendo o poema de Ferreira Gullar com o qual Gil muito se identificou e, significativamente, traduzia seu processo de análise:

Traduzir-se
Uma parte de mim
É todo mundo:
Outra parte é ninguém:
Fundo sem fundo.

Uma parte de mim
É multidão:
Outra parte
Estranheza e solidão.

Uma parte de mim
Pesa, pondera:

Outra parte
Delira.

Uma parte de mim
Almoça e janta:
Outra parte
Se espanta.

Uma parte de mim
É permanente:
Outra parte
Se sabe de repente.

Uma parte de mim
É só vertigem:
Outra parte,
Linguagem.

Traduzir uma parte
Na outra parte
– que é uma questão
de vida ou morte –
Será arte?

(Gullar, 2004)

Referências

Cole, B. (1998). *O livro fedido.*São Paulo: Editora Ática.

Costa, J. F. (2002). Criatividade, transgressão e ética. In *Transgressões.* Rio de Janeiro: Contra Capa.

Freud, S. (1969). O humor. In *Obras psicológicas completas de Sigmund Freud* (p. 189-194). Rio de Janeiro: Imago.

Gullar, F. (2004). Traduzir-se. In *Na vertigem do dia* (p. 11-12). Rio de Janeiro: José Olympio.

Khel, M. R. (2002). *Sobre a ética em Psicanálise.* São Paulo: Companhia das letras.

Rosenfeld, H. (1998). *Palavra pescando não palavra.* São Paulo: Casa do Psicólogo.

Winnicott, D. W. (1975a). Objetos Transicionais e Fenômenos Transicionais (1951). In *O brincar e realidade.* Rio de Janeiro: Imago.

Winnicott, D. W. (1975b). A criatividade e Suas Origens. In *O brincar e a realidade.* Rio de Janeiro: Imago.

Winnicott, D. W. (1978). A mente e sua relação com o psique-soma (1949). In *Da pediatria à psicanálise.* Rio de Janeiro: Francisco Alves.

Winnicott, D. W. (1994). O medo do colapso (Breakdown) (1963). In *Explorações Psicanalíticas.* Porto Alegre: Artes Médicas Sul.

6

Algumas considerações sobre a constituição psíquica[1]

Paulina Schmidtbauer Rocha

Presenciei nesses últimos quinze anos, em vários momentos dentro do *setting* psicanalítico e fora dele, na vida cotidiana, cenas que num *a posteriori* se agruparam, se revestiram de sentidos e clarearam alguns aspectos do acontecer psíquico tal qual exposto por Freud (1911/2004), no seu artigo "Formulações sobre dois princípios do acontecer psíquico".

Minhas preocupações com a constituição psíquica, ou melhor, apropriando-me da expressão de Freud, "acontecer psíquico", está marcada pela atuação clínica com crianças em sofrimento psíquico precoce e com a clínica psicanalítica das psicoses, ao que se acrescenta uma preocupação com a clínica psicanalítica do social. Consequentemente, preocupei-me com as capacidades humanas de viver e trabalhar em grupo.

Por que criamos ao longo da vida vários grupos? De onde provém a sensibilidade, a necessidade do coletivo? Vejamos o que Freud (1920/1996) nos diz no seu livro *Psicologia das massas* e análise do Eu:

> . . . O contraste entre a psicologia individual e a psicologia social ou de grupo, que à primeira vista pode parecer pleno de significação, perde grande parte de sua nitidez quando examinado mais de perto. É verdade que a psicologia individual relaciona-se com o homem tomado

---

[1] Este artigo foi gentilmente cedido pela revista *Psicologia Argumento*, da Pontifícia Universidade Católica do Paraná, em que foi publicado na edição 28(61), de abril e junho de 2010.

individualmente e explora os caminhos pelos quais ele busca encontrar satisfação para seus impulsos instintuais; contudo, apenas raramente e sob certas condições excepcionais, a psicologia individual se acha em posição de desprezar as relações desse indivíduo com os outros. Algo mais está invariavelmente envolvido na vida mental do indivíduo, como um modelo, um objeto, um auxiliar, um oponente, de maneira que, desde o começo, a psicologia individual, neste sentido ampliado mais inteiramente justificável das palavras é, ao mesmo tempo, também psicologia social. (p. 91)

Podemos partir da constatação de que nunca estamos sós; sempre estamos entre vários. Gostaria de esclarecer que o termo "vários" me parece apropriado[2], porque traz a ideia de múltiplos, diversos, mutáveis. Organizamo-nos psiquicamente para viver e produzir em grupo, sem que por isso percamos a singularidade, mas tampouco a perspectiva do coletivo. Isso é válido até na atualidade, quando está privilegiada a ação do "um", o crescimento do "um", ou, então, a negação da singularidade e, consequentemente, do grupo enquanto composto de vários, quando o "vários" vira uma massa (torcidas organizadas).

Mesmo se, em muitas teorizações psicanalíticas sobre os primeiros tempos da existência humana, esse aspecto mencionado por Freud foi esquecido, gostaria de pensá-lo desde a vida intrauterina em interação com o meio ambiente e considerar que, assim, se estende vida afora, o que implica o bebê ele mesmo e os outros, aqueles que esperaram por alguns meses sua chegada. A criança, ao nascer, está aguardando um

---

[2] "Adjetivo pertencente a uma pluralidade de espécies, ou apresentando diferentes cores, formas etc.; sortido, variado, caracterizado pela diversidade, que abrange diversas manifestações; múltiplo; que não é constante; volúvel, instável; que não sossega; buliçoso, irrequieto; que hesita; indeciso, incerto, irresoluto; sem coerência; contraditório, incongruente, discrepante; Pronome indefinido que, no uso adjetivo, indetermina o substantivo, quando a ele anteposto, e no uso substantivo, o substitui, sempre indicando pluralidade, mas não totalidade; diversos, alguns, muitos, numerosos." (Instituto Antonio Houaiss, 2001)

Algumas considerações sobre a constituição psíquica 101

grupo, na expectativa das múltiplas sonoridades, que constituem inscrições sonoras registradas ainda durante a vida intrauterina. Os sentidos tátil e auditivo estão maduros antes de o bebê nascer, pois ele registra as vozes do meio ambiente e os sons do corpo materno, as batidas do coração, a própria voz da mãe. Essa diversidade sonora, já presente nos traços mnêmicos do bebê, além dos registros das sensações táteis, vai fazer parte da sua experiência ao vir ao mundo. Ouvi-las, senti-las ao nascer avivará as inscrições, e, assim, o bebê vai reencontrá-las em um novo ambiente, com algumas modificações, todavia, reconhecíveis. Assim se daria a continuidade da sua existência. Observando as salas de parto, percebemos que, ao ser colocado no peito da mãe, o bebê reencontra essas sonoridades e fica plácido. Muito devagar começa a procurar a fonte sonora, tentando focalizá-la e agrupar-se com o olhar.

Vejamos o que diz Freud (1911/2004):

... Foi preciso que não ocorresse a satisfação esperada, que houvesse uma frustração para que essa tentativa de satisfação pela via alucinatória fosse abandonada. Em vez de alucinar, o aparelho psíquico teve então de se decidir por conceber as circunstâncias reais presentes no mundo externo e passou a almejar uma modificação real deste. Com isso foi introduzido um novo princípio da atividade psíquica: não mais era imaginado o que fosse agradável, mas sim o real, mesmo em se tratando de algo desagradável. Essa instauração *do princípio da realidade* mostrou-se um passo de importantes consequências. (p. 66)

E mais adiante, no próprio texto, Freud (1911/1996) continua:

... A realidade exterior adquiriu maior importância, e com isso também se tornou mais relevante o papel dos órgãos sensoriais voltados para o mundo externo e da consciência a eles ligada. ... constituiu-se uma função especial, *a atenção* que deveria fazer uma busca periódica no mundo externo para que os dados fossem conhecidos de antemão caso uma necessidade interna inadiável se manifestasse. (p. 66)

Então é possível perceber que Freud leva em consideração o encontro entre o bebê e o mundo externo como fundamental para o acontecer psíquico. Winnicott (1978) dirá mais tarde que o meio ambiente apresenta o mundo para o bebê. Assim, parece-me que ele está bem condizente com Freud e, ao mesmo tempo, se situa na continuação do pensamento dele.

Essas observações e as leituras dos textos de Sonia Salmeron (1996a, 1996b) ajudam a entender os primórdios da constituição do eu, e, seguindo a autora, colocam em evidência a importância do grupo, ou de vários na constituição do que ela, Kaës (1976) e Anzieu (1976) chamaram de Eu grupal. Mas Salmeron (1996a, 1996b) traz algumas contribuições a mais para a compreensão da constituição da noção do coletivo.

Ela complementa dizendo que, por sua vez, o nascimento de um bebê desencadeia as expectativas no grupo familiar, ou naqueles que estão ao redor da gestante, com todas as fantasias e projeções. Essa expectativa estabelece com o recém-nascido, esse novo indivíduo que chegou em uma relação privilegiada, e no trabalho clínico é visível que cada pessoa ao redor desse bebê acredita inconscientemente ser o principal personagem para ele, que é amado "bem mais e melhor" que todos os outros. Essa fantasia dos vários, quer sejam ou não membros do grupo familiar, estará na base da vitalidade de um recém-nascido. O bebê é vivido fantasmaticamente como um bebê maravilhoso, um tesouro que estabelece no grupo uma dinâmica, chamada por Sonia Salmeron (1996b) de "dinâmica tensional libidinal grupal". Como ela diz, daí vai nascer uma política de grupo, uma diplomacia de grupo.

Algumas considerações sobre a constituição psíquica

Basta lembrar todos os movimentos que acontecem entre os avós, as tias, os pais, os bisavós, os ciúmes, afetos, conselhos, medos, etc. Tudo isso coexiste nas relações inconscientes e até mesmo nas nossas relações conscientes. Um exemplo é o desejo que os pais têm de que seus filhos sejam amados por todos. Pode ser por razões narcísicas, por razões generosas, ou por razões mais políticas: às vezes, como proteção às crianças, por exemplo, quando os pais morrem, para ter alguém que cuide do filho, ou por razão bem banal, quando eles desejam algumas horas de paz, tendo alguém que acolha a criança com satisfação para brincar com ela. Todas essas razões se resumem no desejo de que o filho seja amado no grupo ao qual pertence. O padrinho e a madrinha na nossa cultura católica, afirma Salmeron (1996b), não é outra coisa a não ser uma forma de assegurar que, na ausência dos pais, alguém cuidará do filho, o que é também ligado à angústia da perda do objeto. Ao redor da criança, forma-se o que Salmeron (1996b) chama de "rede tensional libidinal grupal".

Quanto à criança, ela vai adotar inconscientemente esses modos de relacionamento familiar e, assim, estabelecerá a relação com cada membro do grupo. Essa rede tensional libidinal traz também as tensões entre os membros do grupo, entre si, e em relação ao bebê. Os modos de relações da família e as tensões que aqui entram em jogo farão parte da experiência do bebê. Estarão, portanto, na base do que Sonia Salmeron (1996a) chama "o ego grupal", cuja função no futuro será de formar outros grupos, exatamente por ter havido essa experiência.

Desta rede faz parte também aquele que cuida de uma forma privilegiada do bebê. Durante bastante tempo, essa relação, chamada relação dual, foi privilegiada nas formulações dos psicanalistas que pareciam esquecer-se da existência dos vários que fazem parte do ambiente e que estão presentes ao mesmo tempo. Assim, formulou-se a ideia de que a presença do pai era algo mais tardio, como também a do grupo.

Freud dizia que o eu era resultado, ou era o depósito de diferentes identificações vividas na infância, de certo modo, um grupo, mas aqui se trata de identificações secundárias. As identificações do sistema primário, por meio das sonoridades das vozes, dos contatos físicos, formaram um grupo de identificações primárias interno.

Nas suas formulações, ainda no início de suas formulações, Freud (1920/1996) destacou *ideal do eu, eu ideal e o supereu*. Mas não os definiu bem, deixando relativamente esfumaçadas as fronteiras entre *ideal do eu* e *eu ideal,* e não avançou nas concepções sobre o grupo.

Sonia Salmeron (1996a) aborda de maneira bem interessante a formação do eu ideal e do ideal do eu. O primeiro seria resultado de uma relação arcaica com uma personagem onipotente, a mãe, nascendo da identificação primária com a onipotência materna. O eu ideal fica também ligado a essa identificação com a mãe que, lembrando Melanie Klein (1981), é dona no seu ventre de um número incalculável de bebês; ela tem em si um grupo.

Salmeron lembra que o bebê vive nos braços da mãe; vê, portanto, o mundo a partir desses braços. Sente-se como tendo um grande corpo, que obedece aos seus desejos. Ele está em permanente diálogo, corpo a corpo, com a mãe, ele é a mãe, esse adulto que anda. É exatamente ao redor de três anos, quando a mãe não vai mais colocá-lo nos braços e ele assumirá andar com os próprios pés, que o bebê criará noções de alto e baixo, dentro e fora e de distância, vivenciando a grande desilusão, ao se dar conta do tamanho do seu corpo e da sua fragilidade. Um grande golpe na sua autoestima, segundo Salmeron. É hora de iniciar a entrada no complexo do Édipo. O eu ideal permanecerá e irá acompanhar-nos a vida toda. Para Sonia Salmeron (1996a), o eu ideal é um polo do ego grupal, cujo antípoda é o ideal do ego, instância mais evoluída que contém nela um grupo formado pela admiração que a criança sente por diferentes adultos do seu convívio, associada a verdadeiras efusões de amor em virtude das realizações dos adultos. Segundo Salmeron (1996a), o ideal do eu é grupal na sua origem.

É por meio dessa organização interna grupal (Eu grupal) que a criança poderá sair do estado de fusão interna com a mãe. Na sua evolução, vai para o grupo, porque este é atraente, e não se deve esquecer que o bebê tem uma vivência grupal, porque ele era e é rodeado por um grupo de pessoas que tentam ter uma relação privilegiada com ele. A criança está, assim, inserida na rede tensional libidinal grupal. Então o bebê, desde início, é exposto, para Salmeron (1996b), à tentação de se dirigir ao grupo, aos membros do grupo, usufruir isso e, ao mesmo tempo, privilegiar a relação com a mãe e sentir-se frustrado quando um ou outro está sendo impedido.

Segundo a autora, ideal do eu é uma instância mais evoluída que contém em si mesma o grupo, que é construído a partir da admiração que a criança sente pelos diferentes adultos do seu ambiente, o que é permeado de várias efusões de amor pelos reais feitos dos adultos, os quais nem sempre estão ligados diretamente ao bem-estar da criança. Daí nasce o ideal do ego, que, mais tarde, evoluirá para os ideais mais avançados, ligados a posições éticas, morais, para poder sustentar as vivências grupais, a função e a formação da vida coletiva. Podíamos pensar em uma instância separada cuja função seria possibilitar não só a formação do grupo, mas também a inserção em grupos.

Diferentemente da posição de Salmeron (1996b), parece-me que não há necessidade de adjetivar o eu como grupal, já que é na relação com o ambiente, inserido na rede tensional libidinal grupal, conforme ela tão bem descreveu – e com a sensibilidade que lhe é peculiar – que o eu se constitui (Rocha, 2004).

Desde criança sempre fui envolvida com os bebês e suas mães. Quer dizer, gostava muito de cuidar dos recém-nascidos e sempre me propunha a ficar algumas horas com o nenê enquanto os pais se ausentavam. Assim, presenciei muitas cenas que ficaram gravadas na minha memória anos a fio. Os bebês continuaram a povoar minha vida de psicanalista também. Algumas situações ficaram emblemáticas e, às vezes, formam um conjunto que de repente toma sentido, esclarece ou traz um assunto novo.

Assim, vou narrar quatro cenas da vida cotidiana e dois da clínica psicanalítica que dizem da constituição do eu e dos vários na rede tensional libidinal grupal.

Fui visitar um casal de amigos que me levaram para buscar o netinho na escola, pois queriam que eu o visse, em função das preocupações com seu desenvolvimento. Chegando à casa da criança, encontramos a mãe do garotinho, que já o esperava para dar-lhe o banho, tarefa à qual me juntei, por um momento. Logo em seguida, voltei para a sala de estar, onde estavam os avós e o pai, que nesse meio tempo havia chegado em casa. Para nossa surpresa, o netinho apareceu alegremente entre nós, nu, com o chapéu do pai que caía por cima das orelhas. A mãe vinha correndo atrás. Ele deu uma volta olímpica pela sala, olhando bem para cada um de nós, absolutamente soberbo e irresistível. Unanimemente, decidimos apoiar essa bela exibição e explodimos em aplausos. O garotinho bateu palmas também, satisfeito com nossa colaboração ao seu espetáculo. Devo dizer que nós também nos felicitamos entre nós, muito felizes com o desfile e com os nossos aplausos. Um mês depois, recebi uma carta da avó comunicando-me que não havia necessidade de se preocupar mais com netinho: *Ele está como naquele dia em que você nos visitou!*

Ao longo dos anos, utilizei várias vezes nos seminários essa cena para ilustrar o aparecimento das identificações secundárias, a tríplice hélice do narcisismo e o início da instalação da função paterna. No entanto, um aspecto importante não tinha sido revelado nessa observação ainda para mim. Só depois da cena que narrarei a seguir, consegui distinguir

Algumas considerações sobre a constituição psíquica

e diferenciar o elemento que me parece precioso e imprescindível para o efeito de subjetivação na primeira infância.

Essa cena foi registrada num ambulatório de pediatria durante uma consulta programada do acompanhamento perinatal. Na sala estava o cinegrafista, a pediatra, a mãe e a filhinha, um bebezinho de um mês e quinze dias. O bebê dormia, enquanto a médica fazia perguntas de rotina à mãe, falando sobre amamentação, hábitos e saúde. Depois de um tempo, Clarissa começou aos poucos a abrir os olhinhos, a boca, ações que chamaram a atenção da mãe e da pediatra. As duas trocaram algumas palavrinhas carinhosas com ela e mostraram-se satisfeitíssimas com o biquinho que veio como resposta. Essa cena se repetiu mais uma vez, e chegou a hora do exame físico de Clarissa. Em função do dia frio, o bebê estava bem acolchoado em várias camadas de roupa, as quais a mãe começou a tirar com muito cuidado, falando com carinho e sorrindo para a filha. Clarissa, aos poucos, prendeu-se no olhar da mãe e, com certo esforço, sustentou-o e focalizou o rosto materno. Abriu, então, um sorriso feliz e desdentado, animando-se para algo a mais. Enquanto a mãe abria também um largo sorriso, continuando a falar com Clarissa, esta, por sua vez, tentou soltar a voz, num primeiro momento sem sucesso. Após uma breve pausa estimulada pela mãe, fez sua segunda tentativa de responder à conversa materna. Desta feita, apareceu um tímido arrulho que Clarissa decidiu não valorizar. Mas a mãe e a pediatra continuaram a falar, valorizando os esforços do bebê, e, então, Clarissa soltou a voz em vários arrulhos, riu satisfeita e, quando a plateia toda entrava feliz na conversa, ela olhou para a mãe, depois para a pediatra e para o cinegrafista que estava gravando aquela consulta. Todos festejaram essa primeira conversa, orgulhosos por estarem lá e por terem sido reconhecidos por Clarissa como partícipes desse importante momento. Era você, você, você e eu. Clarissa reconhecia-se enquanto ser único em relação a cada um dos presentes, e todos ali a reconheciam e se congratulavam, festejando.

O que me chamou a atenção foi a idade do bebê: apenas um mês e quinze dias. Era uma garotinha que se desenvolvia bem dentro do previsto, para os padrões do crescimento e de desenvolvimento. Mas ficou posto que compartilhar um feito em grupo, mesmo nessa tenra idade, é possível, e coube ao observador constatar o momento de subjetivação vindo da celebração do acontecer psíquico.

Trarei a seguir mais um momento deste, agora com um menino de quatro meses, o qual também diz do acaso, em certo sentido, de tais acontecimentos.

A tia estava cantando para o sobrinho uma canção de ninar, e, incentivada pelo interesse do bebê, ela a repetiu. Concentrado, olho no olho, ele entoava algumas réplicas, enquanto a tia cantava. Assim parecia. Então, de brincadeira, a tia decidiu dar uma pausa após cada verso, abrindo assim espaço para o jovem cantor talentoso mostrar seus dotes musicais. Ele não negou o talento. Imediatamente produziu algo semelhante (semelhante é um modo de dizer) a um som mal articulado, porém prolongado e com variações tonais. A tia continuou repetindo a canção. A mãe, que observava a cena sentada ao lado, crescia, a olhos vistos, de satisfação e orgulho. Sem se fazer de rogada, ela entrou na cantoria e quando, num momento, se abaixou para pegar algo que caiu, seu filhote a procurou com o olhar. A partir de então, toda vez que entoava a sua parte, ele passava o olhar para o rosto da mãe e depois para o da tia. Terminaram felicíssimos, rindo à toa.

Essa foi a primeira vez que Thomas participou de uma brincadeira ciente dos vários eus presentes fruindo da ação em comum.

Por ter testemunhado outro momento com uma criança de um ano e seis meses, eu me permiti sugerir que tais acontecimentos têm repercussões na constituição psíquica do indivíduo, conforme apresentado a seguir.

Estávamos num restaurante *self service* quando se juntou a nós um jovem pai com seu filhinho de um ano e seis meses. Foi aquela algazarra, já que uma parte dos presentes não conhecia o menino e ficaram contentes com a sua presença. Ele ficou bem protegido no colo do seu pai por um bom tempo; quietinho, observava os presentes sem falar. O pai oferecia-lhe algumas comidinhas que foram prontamente recusadas com um movimento de cabeça. Aos poucos, ele começou a mostrar interesse pelas pessoas presentes, o que foi notado pela turma mais jovem da mesa, desejosa de cuidar do pitoco. Ele rapidamente passou para o colo da jovem mais alegre, que lhe ofereceu lápis de cor para desenhar nos guardanapos. Chamou–me a atenção o domínio que o menino tinha do lápis. Parecia uma criança de três, quatro anos. A jovem contornou com lápis a mão dele, o que o encantou. Foram-se vários guardanapos nessa atividade. Nosso menino estava muitíssimo contente. Os gritos de alegria que se seguiam a cada desenho captaram a atenção dos presentes. Aí ele pegou o lápis e pôs a mão da jovem para desenhar-lhe o contorno. Obviamente, a assistência comentou tal audácia. O bebê fez o contorno direitinho e, quando a jovem levantou a mão do guardanapo, arrancou suspiros de admiração. Os aplausos foram espontâneos, e ele, contente, olhou para nós olho no olho, perfazendo a roda toda. O pai encheu-se de orgulho a olhos vistos, claro. Mas o resto não ficou muito atrás. E foram-se os guardanapos da nossa e das mesas vizinhas. Na semana seguinte, soube que nosso desenhista pronunciara as primeiras palavras, mas a primeira de todas se referia ao acontecido no *self service*. Era o nome da jovem.

Os quatro exemplos descritos aconteceram fora do *setting* analítico. Os próximos que vou relatar fazem parte do trabalho cotidiano no CPPL[3]. Um deles aconteceu durante as primeiras consultas que antecedem indicação terapêutica.

---

[3] Instituição terapêutica para crianças com sede em Recife.

Na primeira consulta vieram os pais, um jovem casal simpático cheio de dúvidas e indagações acerca do filhinho de dois anos que, segundo eles, estava apresentando algumas dificuldades no desenvolvimento. Eles estavam muito receosos e foram pressionados pelos familiares a consultar um especialista. No fim da conversa, apareceu o medo de receberem o diagnóstico de autismo, apesar de a mãe buscar informação na internet e ter chegado à conclusão de que o filhote pouco correspondia às descrições dessa patologia. Propus então de vê-los novamente, junto com a criança. Conversei com uma colega e pedi para juntar-se a nós durante a consulta, pois, caso precisasse empreender uma psicoterapia em grupo ou individualmente, ela estaria já em contato com os pais e a criança. Marcelo chegou com os pais e subimos para o atendimento. Ofereci-lhe os brinquedos, que ele espalhou pelo meu divã. Muito atento à conversa dos adultos, virava-se para mostrar algum brinquedo ao pai. Quando a colega chegou, sentou-se, após apresentada, no cantinho do divã, próxima de Marcelo. Ele não lhe deu muita atenção, então ela pegou um pequeno dinossauro e foi aproximando-se sem nada dizer. A chegada do dinossauro, ao contrário, foi percebida imediatamente e o brincar correu solto. Muito entretido, Marcelo apenas se virava de vez em quando para o pai, lançando-lhe uma rápida olhada. Fui buscar um brinquedo e, na volta, dei uma tropeçada no pé de Marcelo, que estava ajoelhado ao lado do divã. Levei um susto e dei um pulo para não machucá-lo. Ele olhou e riu; eu também ri, pedindo desculpas, e nós caímos na gargalhada. Era muito engraçado tudo isso. Marcelo girou e olhou para o pai, para minha colega e para mim, por último para a mãe. Eles também acharam graça. Era hora de compartilhar. Enfim, estávamos todos juntos.

Essa cena, como as outras, teve um desfecho satisfatório. Os pais convenceram-se de que uma criança que interage com tanta espontaneidade com certeza não pode receber o diagnóstico de autismo infantil. Eles de fato não estavam convictos desse diagnóstico, nem o haviam

Algumas considerações sobre a constituição psíquica

recebido de ninguém; apenas sentiam muito medo. Assim, tranquilizaram-se, puderam reconhecer que o filho realmente tinha um atraso no desenvolvimento da linguagem e, ao lado de uma irmã muito falante e espaçosa, recuava, ficando em segundo plano. A indicação terapêutica foi bem aceita e a participação deles no tratamento do filho facilitou o nosso trabalho, que terminou com êxito.

Mais uma cena, agora para ilustrar um acontecer psíquico do Eu construindo a experiência da coletividade e sua inscrição na história do indivíduo, numa sessão de psicanálise em grupo, com crianças entre dois e quatro anos.

Jorge estava no grupo havia cinco meses, quando recebemos uma visita. Na sala de grupo, nosso colega, psicanalista, ocupou bastante espaço pelo seu tamanho. Sentou-se num canto e ficou observando enquanto nós começávamos a brincar. Jorginho, com os olhos grudados no nosso visitante, foi para baixo da mesa, de onde espiava esse grandalhão que surgira assim de repente no grupinho. Aquele tiquinho de gente de olhos azuis ficou deslumbrado e cheio de vontade de contar algo para ele e para nós. Ensaiou o primeiro aparecimento por cima da mesa apenas com um grande sorriso e com os olhos grudados no colega, que, entretido com o que acontecia do outro lado da sala, não percebeu esse convite para conversa. Jorginho desapareceu por baixo da mesa e, depois de alguns segundos, reapareceu com um sorriso e um grito pouco articulado. Assim conseguiu apenas chamar a atenção de um dos terapeutas, que então, entrando na brincadeira, gritou: *Apareceu!* Jorginho, não satisfeito, mergulhou por baixo da mesa e emergiu de novo, agora batendo palmas. Definitivamente, os esforços eram dirigidos para o nosso visitante, que a essa altura afinal prestou atenção na criança que, satisfeita como pintinho na lama, desapareceu para reaparecer. A essa altura, todo o grupo, junto com o colega, estava devidamente alerta e prestes a completar a brincadeira. Quando o Jorginho apareceu, olhou para cada um de nós, é claro, mas, no primeiro momento, para nosso amigo, alvo dos seus esforços; enquanto nós aplaudíamos e gritávamos "*Apareceu!*" Ele disse, então, solenemente: *Eu!* Seguiu-se aquele carnaval de alegria, e depois todas as crianças foram para baixo da mesa, continuando assim até o término da sessão.

Os seis exemplos em diferentes momentos e diferentes idades das crianças mostram o acontecer psíquico do "Eu". Em seis cenas, em diferentes idades, as crianças compartilharam uma coisa que foi feita por elas e reconhecida pelo grupo, mas o reconhecimento das crianças foi distinguir cada um individualmente, dirigindo-se a cada um pelo olhar, e celebrando no olhar do outro a satisfação que elas mesmas tiveram com o que tinham feito. Quer dizer, mesmo o bebê de um mês e quinze dias se reconheceu como pessoa em relação a cada um ali presente no ambulatório, e cada um do grupo; além de compartilhar com os outros adultos do grupo, celebrou sua participação naquele acontecimento e reconheceu-se como indivíduo em relação àquele bebê. No caso de Thomas, com quatro meses, seu olhar reconhecia cada um e reconhecia-se no olhar do outro. Mas o mais importante de tudo era ver que a mãe e a tia o viam olhando-as. É esse movimento mencionado anteriormente que denomino brincando de "tríplice hélice do narcisismo". O movimento da hélice ofertará a dinâmica necessária para a celebração de acontecer psíquico do eu, para a celebração desse momento de diferenciação e reconhecimento dos vários, no qual a realização de uma ação é peremptória.

É nesse sentido que posso dizer que esses são os momentos da constituição do eu, pela inserção na rede tensional libidinal grupal, em que não sou eu e vocês (totalidade), não somos nós (massa), mas você, você, você e eu (vários). Um grupo que faz algo em conjunto, mas cada um tem noção do conjunto da diversidade e reafirma sua singularidade na ação.

Algumas considerações sobre a constituição psíquica

A noção da responsabilidade para consigo e para com os outros no fazer acontecer e a celebração da produção coletiva em seus vários aspectos subsumidos aí estão já postas para o futuro.

Acontecem, para muitos de nós, ao longo da nossa existência, momentos como esses narrados neste texto, os quais fazem para nós o que Joel Birman (1997) anunciou no final da apresentação do livro *Autismos*: "Afinal, o que está em questão aqui, pois, é a invenção da gramática do impossível, '*fiat lux do fazer viver*'" (p. 13). Às vezes, acho que as seis cenas que narrei testemunham este *fiat lux* do acontecer psíquico tal qual imaginou Freud.

No decurso de trinta anos de trabalho no CPPL, tratamos de ampliar e de formular, na medida do possível, nosso conhecimento sobre a constituição psíquica para enriquecer nossa prática psicanalítica institucional com as crianças tornadas singulares pelo sofrimento psíquico precoce, a ponto de saltar aos olhos, tão visíveis na sua diversidade, que se findaram negadas enquanto pessoas (Cavalcanti & Rocha, 2001). Propor cuidar e deixar-se implicar nessa clínica exige disponibilidade e vitalidade psíquica para o encontro com o inusitado, imprevisível, mas sobremaneira reitera a humildade na espera do acaso.

Para tanto, faz-se necessário compartilhar a longa espera, os percalços e sobressaltos, o que requer vários, ou seja, demanda uma equipe. Emprestar a sua privacidade para que o outro encontre ou reencontre a sua própria, como diz André Green (1977), com essas crianças, pressupõe enredar-se numa proximidade que necessita de vários presentes, semelhantes e confiáveis, para sustentar a distância psíquica e tornar possível o acontecer psíquico do qual falamos. A formação da rede tensional libidinal grupal está na base de nosso trabalho e é mais perceptível na psicanálise em grupo com as crianças. Na medida em que conseguimos sustentá-la na relação entre os terapeutas e em relação a cada criança, tornamos possível o tal *"fiat lux* do fazer viver". Sem garantias, mas é uma possibilidade.

Muitas vezes, só percebemos quando já aconteceu, como no dia em que Roberto chegou à porta do meu consultório e disse: *Bom-dia, tia Paula*. E de fato estava lá Roberto "em carne e osso" habitando em si mesmo, simplesmente bem. Fazia tempo que Roberto estava falante, leitor incansável dos gibis, afeiçoado aos jogos eletrônicos, crítico feroz das minhas parcas capacidades nesses assuntos. Mesmo assim, Roberto não estava ali. Conversava, mas não estava. Até o dia em que chegou e continuou. São horas em que a equipe celebra. Para celebrar tem de ser você, você, você e eu. O "Eu quero" de Roberto não tardou. No entanto, no dia em que Roberto afinal compareceu eu lhe devia ter dito: "Carpe Diem, Roberto!"

Referências

Anzieu, D. (1976). L'enveloppe sonore du soi. *Nouvelle Revue de Psychanalyse* (13), 54-68.

Birman, J. (1997). Apresentação. In Rocha, P. S. (Org.), *Autismos*. São Paulo: Escuta.

Cavalcanti, A. E., & Rocha, P. S. (2001). *Autismo: construções e desconstruções*. São Paulo: Casa do Psicólogo.

Freud, S. (1911/2004). Formulações sobre os dois princípios do acontecer psíquico. In *Escritos sobre a psicologia do inconsciente* (L. A. Hanns, trad.). Rio de Janeiro: Imago.

Freud, S. (1920/1996). *Psicologia das massas e análise do ego*. Rio de Janeiro: Imago. (Edição Standard das Obras Completas de Sigmund Freud).

Green, A. (1977). O outro e a experiência de "self". In M. Khan. *Psicanálise: Teoria, técnica e casos clínicos*. Rio de Janeiro: Francisco Alves.

Insituto Antonio Houaiss. (2001). *Dicionário Eletrônico Houaiss da Língua Portuguesa* (Versão 1.0) [Software]. Rio de Janeiro: Objetiva.

Kaës, R. (1976). *L'appareil psychique groupal, construction du groupe*. Paris: Dunod.

Klein, M. (1981). *Contribuições à psicanálise*. São Paulo: Mestre Jou.

Kupfer, M. C., Jerusalinsky, A. F., Bernardino, L. F., Wanderley, D., Rocha, P. S., Molina, E. S., et al. (2009). Valor preditivo de indicadores clínicos de risco para o desenvolvimento infantil: um estudo a partir da teoria psicanalítica. *Lat. Am. Journal of Fund. Psychopath*, *6*(1), 48-68, 2009.

Rocha, P. S. (2004) *Você, Você, Você, e Eu*. In X Encontro Psicanalítico do CPPL: Novos temas para a Psicanálise. Recife.

Salmeron, S. (1996a). Moi grupal. In Salmeron, S. *Séminaires sur les concepts de base de la psychothérapie psychanlytique d'enfants et d'adultes.* Paris: Centre Alfred Binet.

Salmeron, S. (1996b). Réseau libidinal tensionnel. In *Séminaires sur les concepts de base de la psychothérapie psychanlytique d'enfants et d'adultes.* Paris: Centre Alfred Binet.

Winnicott, D. W. (1978). *A família e o desenvolvimento do indivíduo.* Belo Horizonte: Interlivros.

7

Questão de gosto

Ana Elizabeth Cavalcanti

Continuamos inscientes do verdadeiro conteúdo da vida política – da recompensadora alegria que surge de estar na companhia de nossos semelhantes, de agir conjuntamente e aparecer em público. Do prazer que irresistivelmente produz a faculdade humana de começar de novo, alegria que deve acompanhar todo o novo quando brota para a prosperidade; trata-se, no fundo, da mesma alegria com a qual damos as boas vindas a cada nascimento.

(Arendt, 1990)

Inicio este ensaio com a narrativa de três experiências: duas pessoais e uma clínica. Em outubro de 2004, tive a oportunidade de assistir à apresentação das 32 sonatas de Beethoven para piano na Sala Cecília Meireles, no Rio de Janeiro. A apresentação das sonatas na íntegra, em ordem cronológica, numa sala de concerto, já é por si um acontecimento raro. No Brasil, isso havia ocorrido uma única vez, na década de 1950, quando o pianista vienense Friedrich Gulda as interpretou nesse mesmo local. Mas, se assistir à apresentação das sonatas já pode ser considerado, por si só, uma experiência única e profundamente marcante, esta teve algumas peculiaridades que lhe conferiram uma feição particular.

O projeto foi idealizado pelo produtor francês René Martin, que, sensível ao relato dos músicos recitalistas sobre a solidão que a rotina de estudos e de concertos lhes impõe, convidou seis pianistas da nova geração francesa para criarem algo juntos. Os seis pianistas aceitaram o desafio e rodaram o mundo, realizando recitais executando as sonatas de Beethoven.

No Rio, a apresentação deu-se em oito concertos realizados em quatro dias consecutivos. A execução da primeira sonata já anunciava uma experiência extraordinária. À proporção que os pianistas se apresentavam, revelavam-se para nós em sua mais genuína singularidade. Íamos apreendendo o que cada um fazia com as notas que lhes eram oferecidas por Beethoven, por meio de sua partitura; tomávamos contato com os recursos próprios dos quais cada um lançava mão para enfrentar as enormes dificuldades técnicas e de concepção que as sonatas impõem ao intérprete; podíamos também apreender o modo singular como cada um se relacionava com o piano e com a plateia; como se mostravam satisfeitos, insatisfeitos e, às vezes, até surpresos com o que haviam conseguido naquele momento único e imprevisível de execução da peça; eles se revelavam, revelando o Beethoven de cada um. Por outro lado, era também fácil perceber que aquele era um feito compartilhado. A execução de cada um estava inevitavelmente perpassada pela presença e pela execução dos outros porque eles podiam ser vistos e ouvidos uns pelos outros, confrontar seus estilos e explicitar suas diferenças. Suponho que esse sentimento estava presente também entre nós, a plateia, que testemunhávamos e acolhíamos aquele feito compartilhado.

Esse evento no Rio teve ainda outro ingrediente, um presente do acaso: tornou-se um particularíssimo encontro entre amigos que viveram uma experiência juntos. Uma experiência construída passo a passo na escuta compartilhada dos concertos e nos encontros que aconteceram antes, depois e nos intervalos entre eles num barzinho ao lado do teatro. Nesses encontros, em conversas acompanhadas de chope, compartilhávamos nossas emoções frente a determinadas passagens ou ao esforço e virtuosismo dos pianistas; expressávamos as nossas preferências pelos intérpretes e pelas sonatas; nos momentos em que só falar não era suficiente, cantarolávamos, juntos, trechos das sonatas como que para reavivar e compartilhar a emoção de que fomos tomados ao ouvi-los. Desde o primeiro chope tomado junto, ouvir os concertos era uma experiência compartilhada, mesmo que individual. A cada concerto crescia em mim a presença dos que estavam compartilhando aqueles momentos, construindo aquela experiência ao mesmo tempo individual e compartilhada.

Ao final do último concerto, todos os pianistas compareceram juntos ao palco e foram aplaudidos de pé por mais de dez minutos. Saltava aos olhos a alegria entre eles, o júbilo por aquele feito. Com os aplausos, a plateia expressava, ao mesmo tempo, o reconhecimento aos músicos e a satisfação de ter participado daquele evento. Como se, ao seu término, nos déssemos conta de que ele era único, jamais repetível, algo novo, ainda não existente até a sua realização. Havia ainda naqueles aplausos um quê de gratidão, somente possível quando podemos reconhecer e integrar a presença do outro em nossa experiência de sermos nós mesmos.

Ao sairmos do teatro ao final do último concerto, reencontramo--nos. Era preciso celebrar e concluir aquela experiência para que pudéssemos integrá-la e conseguir nos desvencilhar dela. Tomamos então os últimos chopes, ouvimos e reouvimos algumas gravações das sonatas, cantarolamos juntos e, afinal, pudemos despedir-nos. Aquela experiência permaneceria viva em nós, ecoando e produzindo efeitos em nossos feitos posteriores.

A segunda experiência é a da construção de uma peça pianística. Reunimo-nos, eu e duas amigas. Uma era pianista e minha antiga professora de piano; a outra não tocava qualquer instrumento, mas era uma ótima ouvinte. Então, lançamo-nos na aventura de preparar juntas um *Noturno* de Chopin. Enquanto eu ia executando a peça, a pianista, ex-professora, dava sugestão quanto a sua concepção, propunha soluções técnicas, festejava os achados interpretativos, deixando-se eventualmente se surpreender com as soluções já encontradas e jamais pensadas por ela, acolhendo e indo ao encontro desses gestos espontâneos e criativos, reconhecendo-os, fazendo esse movimento indispensável para que as pessoas se aventurem a fazer descobertas próprias, a serem elas mesmas. A amiga ouvinte, sentada ao lado, falava de suas impressões, dava também sugestões, ria e brincava dos meus esforços, da forma como eu "sapateava" quando os dedos teimavam em não realizar o que estava intuindo ou o que me era sugerido. Comemorava também e aplaudia o que era conseguido, às vezes porque estava sendo buscado, outras vezes por puro acaso. Ora nos surpreendíamos as três com os achados inesperados, ora zombávamos com humor das minhas limitações ou dos meus arroubos de onipotência, os quais acompanham de vez em quando os intérpretes em suas tentativas de superação durante a interpretação de uma obra.

Após cinco horas de trabalho ininterrupto, intercalado apenas por rápidos cafezinhos, demo-nos por satisfeitas com o resultado. Só conseguimos separar-nos depois de tomarmos um vinho juntas e falarmos bastante, com muita satisfação, sobre o que tínhamos construído. Como na experiência das sonatas, era preciso concluir também essa experiência, realizando uma espécie de celebração daquele feito conjunto, de construção compartilhada. O fato de a execução ser individual não mudava em nada essa condição. Na minha execução da peça, estavam presentes os esforços imaginativos, a espontaneidade musical e os achados criativos das três. Após esse dia, sempre que executo essa peça, mesmo só, sinto-me acompanhada.

A terceira experiência é clínica. Passou-se num grupo terapêutico com seis crianças entre seis e sete anos. Trabalhávamos com elas, eu, outra psicanalista e uma estagiária. Era um grupo só de meninos e todos tiveram grandes dificuldades no desenvolvimento. Alguns chegaram até

Questão de gosto   121

nós com o diagnóstico de autismo. A cena que passo a narrar se inicia quando entramos na sala, perambulamos um pouco pelo ambiente, sentamos em volta da mesa e Heitor falou: *Comprar um mico de férias*. Era uma frase descontextualizada, emitida sem entonação, "caída de paraquedas", como se costuma falar das situações em que o contexto parece não ser levado em consideração. Era uma frase que colocava Heitor fora do contexto, sem lugar.

Houve um momento de hesitação de todos, nosso e das crianças, frente àquela frase que causava estranheza. Hesitação correspondente a um momento de suspensão – "no ar antes de mergulhar", como diz a música – que dura apenas alguns segundos, carregados de muita tensão. Aquela frase poderia ser tomada de várias maneiras, desde ser desconsiderada – o que às vezes acontece, não porque assim o queremos, mas porque às vezes não é possível lhe dar qualquer destino –, até tentarmos construir a partir dela algum sentido. Num dado momento, senti que estávamos prestes a perguntar a Heitor o que era um "mico de férias". Felizmente isso não aconteceu e o caminho que tomamos foi outro. Conseguimos brincar com aquela frase estapafúrdia. Falamos coisas meio malucas com ela, como acontece nas brincadeiras de "nada a ver", tão apreciadas pelas crianças, justo porque nenhuma coerência se exige delas naquele momento. É difícil reproduzir o que se falou, mas era algo assim: *O mico de férias... Você viu o mico de férias... Caiu na praia e pagou o mico... O mico tá lá... O mico preto...* Nós e os meninos gostávamos da história brincalhona sem pé nem cabeça, e todos entrávamos nela, rindo a cada vez que falávamos e íamos acrescentando outros sentidos engraçados àquela conversa amalucada. Era um momento de alegria. Tecíamos ponto a ponto uma situação em que o principal ingrediente era a espontaneidade. No final, Heitor, rindo, muito satisfeito e completamente engajado na brincadeira, falou: *Eu também não sei o que é um mico de férias*. Nós e as crianças ficamos surpreendidas com aquele extraordinário e imprevisível desfecho e rimos muito. Era como se estivéssemos numa aventura que iniciamos sem saber onde íamos parar, mas nem por isso nos esquivamos de vivê-la passo a passo, para no final sermos presenteados com o prazer daquela construção. Não se tratava de descoberta alguma, mas da invenção de um jeito de estarmos juntos, construído passo a passo por todos nós. Nesse momento, era evidente o júbilo e a celebração por aquele feito que era nosso e de cada um; de cada um porque estávamos nós e nosso porque estávamos cada um.

Foram experiências dessa ordem que nos levaram a pensar, no CPPL, o espaço terapêutico como um espaço potencial, um espaço *entre*, construído e sustentado pelo agir, pelo fazer junto das várias pessoas que ali se encontram. É, aliás, essa ideia que sustenta a nossa prática institucional. Agimos juntos quando é possível brincar na cena terapêutica, como aconteceu na experiência que narrei; agimos também juntos quando tecemos nossas falas em torno de nossas experiências com as crianças e suas famílias nas reuniões clínicas, momento em que confrontamos nossas opiniões e nossos saberes, num esforço contínuo de compreender o que se passa em nossas relações. Algumas vezes, podemos celebrar o feito de termos inventado a vida onde e quando parecia impossível; outras, amargamos os efeitos de quando isso não foi possível. Agimos também juntos quando teorizamos sobre a nossa clínica com a nossa escrita, mesmo a individual, produzida a partir desse fazer conjunto e das discussões compartilhadas. O fazer junto foi sempre uma prática que, como costumamos dizer, despertou em nós o gosto pela construção compartilhada, sem a qual nos sentimos empobrecidos.

Pois é desse gosto extraído da experiência do agir em conjunto e da construção compartilhada que me propus a falar neste ensaio. Pergunto-me se o acesso a esse modo de satisfação não dependeria do desenvolvimento de uma dimensão subjetiva que se constitui no exercício mesmo do fazer compartilhado, por meio de experiências efetivas de agir e construir em conjunto – como canta a ciranda, "faz porque gosta e gosta porque faz" –, experiência cada vez mais apagada nos modos de convivência e de práticas contemporâneas. Pergunto-me se a ausência de experiências desse tipo na atualidade não seria um dos fatores responsáveis pelo empobrecimento da subjetividade que, nos casos extremos, reduz a pauta de satisfação humana às sensações corporais e ao consumo, estreitando o espaço de relações entre os homens e retirando-lhes a preocupação com o mundo em que vivem. Pergunto-me, ainda, se essa modalidade de satisfação e, consequentemente, essa dimensão da subjetividade não foram em certa medida negligenciadas pela psicanálise, sobretudo pelos pensamentos que, no campo psicanalítico, sobrevalorizaram uma concepção da subjetividade centrada na interioridade. Para empreender essa discussão, fui buscar, no campo psicanalítico e fora dele, discursos que possibilitam ressaltar as dimensões de pluralidade e de exterioridade da experiência subjetiva. Do campo da filosofia, Hannah Arendt oferece-nos algumas chaves que iluminam essa discussão de forma profícua, enquanto, no campo da psicanálise, Winnicott apresenta-se como um dos autores que nos permitem avançar.

A relação do pensamento de Hannah Arendt com o tema em questão é estreita: foi movida pela preocupação com a sobrevalorização da interioridade, com o estreitamento do espaço entre os homens e a consequente perda da capacidade de agir em conjunto que Arendt desenvolveu a sua teoria política.

Hannah Arendt (2000) interpreta o deslocamento do interesse dos homens pelo mundo para o interior de si mesmo, tornando-os isolados e desenraizados, como um efeito do apagamento do espaço público. Para ela, esse apagamento é nefasto porque o espaço público representa o próprio mundo, o espaço potencial entre homens, um espaço plural e de aparência no qual os homens agem e falam entre si, tornando-se visíveis e reconhecidos uns pelos outros. É nele que os homens se inserem no mundo por meio da ação e do discurso. Com a ação, inauguram algo novo, interrompem processos habituais e enriquecem o mundo com seus feitos espontâneos e imprevisíveis; com a palavra, revelam-se como autores de seus atos, distinguem-se como diferentes entre iguais e afirmam-se como singulares.

O espaço público é, portanto, aquele que revela a pluralidade dos homens, espaço da convivência entre diferentes, espaço *entre*, pois ele não está no interior dos homens, mas entre eles. No espaço público, portanto, é impensável a existência isolada, uma vez que a pluralidade e a coexistência são condições para a sua existência. Nesse sentido, é por excelência o espaço da política, entendida como capacidade humana de agir em pluralidade e inaugurar espontaneamente algo novo. Como para Arendt (2002), a liberdade está vinculada à capacidade de começar, de interromper processos habituais; o sentido da política é a liberdade e é agindo em pluralidade, de forma espontânea e criativa, que os homens, segundo sua concepção, são livres. A existência do espaço público é, assim, a condição para a ação política porque é aí que ela se encena e é nele que seus atores se tornam visíveis. Assim, não existe um local privilegiado para o espaço público. Como um espaço *entre* homens, ele surge sempre que homens agem em conjunto, criando, inaugurando e experimentando algo novo.

Ao colocar a ação no centro da existência humana e definir o espaço público como um espaço *entre* homens, ressaltando a sua dimensão de pluralidade e de aparência como condição para singularização, Arendt (2001) oferece-nos uma chave importante para a nossa reflexão. Valorizar a ação e, mais especificamente, a dimensão compartilhada da ação política, significa valorizar a experiência, a interdependência, a coexistência entre homens e a necessidade do exercício permanente da convivência. Assim, ao formular a ideia de que só se é singular na pluralidade, entre vários, e só há pluralidade porque existe singularidade, põe em questão a ideia de oposição entre eu e outros, individual e coletivo, visto que não é possível a existência de *eu* sem *outros,* nem *outros* sem *eu*, porque *se é* agindo em conjunto, na presença e com os outros.

Além disso, Arendt (1990) oferece-nos uma outra chave importante quando, por meio do seu conceito de *felicidade pública*, desenvolvido em sua análise da revolução americana, fala do prazer resultante do agir em conjunto, do deleite e da alegria resultantes da ação política.

Se no campo da filosofia política Arendt nos oferece algumas chaves úteis para pensar sobre o gosto extraído da capacidade de agir em conjunto e da produção compartilhada, Winnicott, no campo da psicanálise e no registro da dinâmica psíquica, aparece como um importante aliado nessa discussão, com sua teoria da criatividade. Como Arendt, Winnicott confere à ação – para ele a ação criativa – um lugar central na constituição psíquica. Em sua teoria da criatividade, propõe a noção de espaço transicional como o cenário da ação criativa (Winnicott, 1975). É agindo e criando nesse cenário – um terceiro espaço entre as realidades interna e externa sustentado pelo brincar –, e numa interação contínua com o meio ambiente representado inicialmente pela mãe, que o bebê se sente existindo. Na vida adulta, esse seria o espaço de atividades criativas como as artes e a religião. Como o espaço público de Arendt, o espaço transicional é um espaço *entre,* um espaço potencial sustentado pelo agir conjunto representado pelo brincar. Se o espaço público é o cenário da ação política que singulariza os homens entre vários, o espaço transicional é o suporte da ação criativa que possibilita o existir criativo e genuíno, condição para o desenvolvimento de um sentido de continuidade da existência. Como o espaço público, o transicional é o espaço da criação e da espontaneidade, da ação criativa e imprevisível que inaugura algo novo. Nele, como no espaço público, somos livres e, conforme Arendt (2002), ". . . nem movidos por nós mesmos nem submetidos ao que é apresentado pelo outro" (p. 24).

Se, com a ideia de uma interdependência entre os homens, Arendt abole qualquer possibilidade de pensar singularidade e pluralidade em oposição, Winnicott, ao defender a constituição da subjetividade centrada na interação e na interdependência entre o bebê e a mãe – que agem, criam e se experimentam existindo num espaço potencial –, oferece a possibilidade de interpretar a dependência inicial do bebê fora das consagradas referências de oposição ou de alienação.

Dado ao lugar que ambos conferem à presença dos outros – como condição de singularização e de existência – e à ação conjunta – como condição de manutenção das relações e do mundo –, é a perda da capacidade de agir criativamente e o apagamento do espaço *entre* homens que representam um real perigo para a vida dos homens e para a permanência do mundo. Para Arendt, isso acontece pelo isolamento – que destrói a capacidade política, essa faculdade de agir em conjunto na realização de um interesse comum – e pelo desenraizamento – a desagregação social que retira dos homens a condição de serem reconhecidos, de terem um lugar no mundo conferido pelos outros, tornando-os supérfluos, não pertencentes ao mundo e invisíveis. Para Winnicott, isso se dá pela perda da capacidade de agir criativa e espontaneamente, o que resulta na impossibilidade de se apropriar e se inserir no mundo de forma singular. O efeito desse processo é a sensação de uma existência supérflua, talhada por relações de desconfiança e de submissão. Nessas situações, a adesão submissa, o enfrentamento ressentido ou o isolamento substituem o impulso criador que inicia e inaugura algo novo.

Assim, a reflexão sobre o gosto extraído da experiência de agir em conjunto, da construção compartilhada e do resgate de uma dimensão subjetiva que nos impulsione a buscar essa modalidade de satisfação nos leva a pensar sobre modos de sociabilidade e de convivência menos voltados para a interioridade e a intimidade, como as que hoje ganham espaço em nossa cultura. O efeito mais nefasto desses modos de convivência é a diluição do espaço *entre* homens, seja pelo apagamento do espaço público, seja pelo estreitamento do espaço transicional.

Na psicanálise, essa discussão nos impulsiona também a pensar alternativas clínicas que possam valorizar essa dimensão subjetiva. Pensar a clínica como algo análogo a um agir no mundo entre pares, como um espaço de criatividade e de exercício da liberdade nos sentidos de Winnicott e Arendt, parece-me uma ideia a ser perseguida.

Refletir sobre o gosto pelo agir em conjunto e pela construção compartilhada é ainda buscar alternativas para a condição de solidão em que têm sido lançados os homens hoje, quando o apagamento do espaço público, o declínio da política e o avanço das sociedades de massa reduziram a distinção e a diferença a questões privadas do indivíduo. A impossibilidade de pensar numa coexistência entre público e privado terminou por privar os homens das relações *entre* eles e de tudo que daí advém: ser visto e ouvido pelos outros, ligar-se e separar-se deles mediante um mundo comum de coisas construídas, realizar algo mais permanente que a própria vida. A ideia introduzida pela modernidade de uma oposição, de uma dicotomia entre público e privado, eu e outro, terminou por roubar dos homens o gosto pela convivência, pelo agir em conjunto, pela construção compartilhada, única possibilidade de se construir uma pluralidade dentro de si mesmo, condição para que, mesmo só, se esteja acompanhado.

Pois bem, para finalizar, queria dizer que, durante a feitura deste ensaio, mesmo quando estava só frente ao computador, nos momentos difíceis de toda produção, me senti sempre muito bem acompanhada: pelos que compartilharam comigo as experiências que narrei, pelos que trabalham e participam comigo de grupos de estudo, durante os quais realizamos muitas discussões sobre este tema, pelos que ouviram ou leram este texto enquanto eu o escrevia, pelos autores que utilizei. Na verdade, nunca me senti tão acompanhada como quando estava só escrevendo este trabalho. Portanto, se tiver de escolher entre estar só *ou* acompanhada e estar só *e* acompanhada, fico sem titubear com a segunda alternativa. Esta é, sem dúvida, uma questão de gosto.

Referências

Arendt, H. (1990). *Da revolução*. Brasília: Ática Editora.

Arendt, H. (2000). *Origens do totalitarismo*. São Paulo: Cia. das letras.

Arendt, H. (2001). *A condição humana*. Rio de Janeiro: Forense Universitária.

Arendt, H. (2002). *O que é política?* Rio de Janeiro: Bertrand Brasil.

Winnicott, D. W. (1975). *O brincar e a realidade*. Rio de Janeiro: Imago.

8

Psicoterapia de grupo: entrelaços

Valéria Aguiar Carneiro Martins

> O que é, então, um "grupo"? Como adquire ele a capacidade de exercer influência tão decisiva sobre a vida mental do indivíduo? E qual é a natureza da alteração mental que ele força no indivíduo?
>
> (Freud, 1977)

Atualmente, o panorama dos trabalhos terapêuticos em grupo é amplo, variado, e tanto os enfoques quanto as abordagens vêm multiplicando-se. Podemos, assim, identificar grupos terapêuticos, de tarefa ou operativos, de aprendizagem, de autoajuda, de diagnóstico e outros.

As diferentes abordagens, por sua vez, carregam diferentes concepções acerca do fenômeno grupal em si mesmo, e também diferenciam, numa gama muito ampla, os métodos que visam às mudanças.

Encontramos, no campo psicanalítico, um permanente debate acerca dos fenômenos e das psicoterapias de grupo como resultado de um franco antagonismo teórico, decorrente de diferentes concepções, as quais, segundo comenta Bleichmar (1995), curiosamente aparecem misturadas na prática clínica. Trata-se de uma espécie de dicotomia que perpassa a tomada dos domínios de conhecimento e ação entre o "intrapsíquico" e o "interpessoal" ou "intersubjetivo". Alguns psicanalistas trabalham com a concepção de grupo como totalidade, como unidade de análise e de transformação, cuja compreensão e intervenções se dirigem ao conjunto, como um todo indissociável. Transpõe-se aqui a teoria sobre a psique individual, enquanto estrutura psíquica coletiva.

Em oposição, encontramos aqueles que trabalham considerando a singularidade, tomando, por exemplo, um grupo de crianças como um espaço privilegiado de observação de suas condutas, de suas interações e de expressão de seus afetos e conflitos, cujo alvo de observação, escuta e intervenções é dirigido ao sujeito criança.

E ainda temos o enfoque interpessoal, mais radical, recortado pelo enfoque "sistêmico", cujos princípios consideram estritamente a "ação psicológica" de um sujeito sobre o outro.

Como foi referido anteriormente, Bleichmar (1995) observa que na prática os profissionais fazem uso de uma diversidade de técnicas e de métodos de ação terapêutica, dificilmente restringindo-se a essas fronteiras que delimitam os espaços do singular e do grupal, assinalando uma única direção para a cura.

Diante desse quadro geral, acompanhamos essa autora no seu expresso compartilhamento:

> . . . com a linha de trabalho que sustentam René Käes e Didier Anzieu, no ponto em que propõem que o que se instaura e se vive no grupo terapêutico é uma situação de grupo e a-grupal . . . justamente, numa espécie de paradoxo: o de saber e poder estar em grupo, sem ser um grupo. (Käes, 1982, citado por Bleichmar, 1995, pág.p. 43)

Partindo da premissa de que o desejo de reconhecimento é uma das constantes humanas que perpassam uma grande quantidade de fenômenos grupais, Bleichmar, portanto, apresenta uma hipótese de trabalho, segundo a qual o dispositivo grupal consistiria num continente, num enquadre figurativo, numa armação simbólica dos sistemas de relação com o semelhante, constituindo-se num espaço de trabalho psíquico.

Ao longo deste trabalho, manter-nos-emos nesse paradoxo como numa tela sobre a qual a trama de um bordado se faz, de maneira a nos permitir alguns enlaces, algumas articulações, a partir da experiência com um grupo de psicoterapia com jovens psicóticos: pontos incertos; laços surpreendentes. Pretendo, ao apresentar essa experiência que se dá na trama da intersubjetividade, enfatizar os efeitos subjetivantes que tenho testemunhado, particularmente para dois pacientes do grupo, propondo algumas reflexões para pensar o dispositivo clínico de psicoterapia de grupo, nos seus efeitos de cura. Para isso, ora estaremos na direção das singularidades, das histórias e das contingências da vida de cada um, ora na direção dos entrecruzamentos, dos enlaçamentos.

Trata-se de um grupo constituído por cinco jovens – duas moças e três rapazes entre dezoito e trinta anos – atendidos por duas psicoterapeutas[1], duas vezes por semana, com sessões de 45 minutos. É importante salientar que os pacientes são jovens que apresentam sofrimento psíquico grave desde o início da infância: crianças com quadro de psicose infantil. Parece pertinente essa observação, na medida em que nos remete às dificuldades e aos obstáculos que se colocaram e ainda se colocam para cada um, em termos da constituição de suas subjetividades e da possibilidade de estabelecer laço social.

Concordamos com a hipótese de que estruturalmente o que ocorre na psicose infantil é o mesmo em relação à psicose no adulto, com a diferença fundamental de que o seu surgimento na infância compromete inexoravelmente o desenvolvimento. Como nos lembra. Calligaris (1986): "Nas manifestações que chamamos de psicose na infância, que são manifestações críticas, estaríamos confrontados com

---

[1] Temos constituído a nossa experiência de trabalhos em grupo, no CPPL, seja de psicoterapia de grupo, seja outro dispositivo clínico grupal, sempre com uma dupla de terapeutas.

algo que fracassa na constituição mesma da psicose" (p. 65). Para ele, tratar uma criança é permitir que a sua estruturação seja retomada, no seu trabalho de construção.

Kupfer (2001) vem em acréscimo e nos diz que

> ... se alguns psicóticos adultos tiveram a chance de produzir, em períodos fora de crise, algumas suplências de laço que lhes permitiram estudar, aprender uma profissão e, eventualmente, ter uma circulação social, muitas crianças não têm a mesma sorte. A interrupção do desenvolvimento as captura em um momento anterior a qualquer aprendizagem, ainda que frágil ou suplente, do universo social. (p. 98)

Para ela, o tratamento da psicose infantil precisa ter como norte o estabelecimento do laço social. Ainda mais:

> ... viver com os outros é o que constitui e tece, de modo estrutural, a teia e o tecido do sujeito. Se algo na história de uma criança a está impedindo de se enodar com o outro, de fazer laço social, então buscar o reordenamento simbólico desse sujeito, tratar dele é, entre outras coisas, levá-lo, mais uma vez, à trama social. Ao meio da rua, às escolas. (p. 77)

Consideramos que esta proposição se coloca da forma mais radical quando trabalhamos com adolescentes e jovens adultos.

Pois bem, iniciamos um novo ponto: trata-se do percurso de um dos jovens a quem chamarei de Fabrício, com dezoito anos e cursando o primeiro ano do ensino médio. Iniciou tratamento psicanalítico em torno dos cinco anos, e teve, entre outras, a possibilidade de frequentar escola pública do ensino regular. Acompanhei-o em análise individual, nos últimos dez anos, até que, diante do projeto de iniciar junto com uma colega psicoterapeuta um grupo com jovens, começou a se colocar para mim a questão da indicação, para ele, de um espaço de psicoterapia de grupo.

Fabrício, desde o final da infância, tinha sérias dificuldades escolares, pedagógicas. Algumas foram ultrapassadas; outras permaneceram: enfrenta verdadeiros problemas com abstrações e raciocínio matemáticos, com interpretação de textos e enunciados; a sua linguagem oral e escrita, parte das vezes, é construída na terceira pessoa e sem o uso de conectivos. Sempre foi inteligente e observador atento, conseguindo constituir curiosidades que o levaram a adquirir conhecimentos. Mostrava-se uma criança retraída e contava com a atenção especial das professoras e do olhar da mãe, que atuava como professora na mesma escola.

Como ocorre para todos, a chegada da puberdade e da adolescência desalojou Fabrício do que até então, de um jeito muito singular, tentava dar conta. No final do ensino fundamental, foi estudar em outra escola, vendo-se diante da contingência de estabelecer novos e diferentes laços, de responder às demadas que lhe eram dirigidas, enquanto estudante e rapaz aluno do oitavo e do nono ano pertencente à nova turma daquela escola.

As sessões de análise individual, ao longo dos últimos tempos (em torno de um ano e meio), foram permeadas pela fala de Fabrício referente às dificuldades pedagógicas e, principalmente, referentes às dificuldades na sua relação com os colegas. Buscava pertencimento e reconhecimento pelos pares, mas não havia par. Não conseguia situar-se nos jogos que os adolescentes faziam: para ele, "pão é pão, queijo é queijo". Mesmo muito ambivalente e temeroso, se uma garota se insinuava, seduzindo-o, mostrando parte do seu corpo, para depois recuar, ele não tinha dúvidas e tentava agarrá-la, mesmo que para isso tivesse que correr atrás dela e adentrar o banheiro feminino da escola, causando o maior tumulto e transformando-se na notícia do dia da escola. O mesmo acontecia se os rapazes, colegas, lhe dessem "a dica" de uma garota supostamente interessada por ele, ou se o mandassem jogar uma carteira pelos ares ou, ainda, dar um murro noutro rapaz. Fabrício, em busca de reconhecimento e de um lugar no grupo de colegas, passou a ser "o louco e o tarado" da escola. Nas sessões, eu escutava-o dizer da sua potência sexual, da sua força de homem e, ao mesmo tempo, dos temores e dos perigos subjetivamente vividos e, também, daqueles com que concretamente podia confrontar-se.

Na escola pública, de periferia, o ato e a violência estão colocados de uma forma muito próxima, muito real. Escutava por vezes a mãe e recebi, por duas ocasiões, uma professora itinerante, que o acompanhava há anos, quando tomei conhecimento de mais situações de risco em que Fabrício se colocava: numa das vezes, a garota que ele "correu para pegar" era sobrinha de um traficante, que lhe enviou um recado, ameaçando-o de uma surra caso o episódio se repetisse.

Interrogava-me acerca do que se passava transferencialmente, do que sua fala, nessa outra articulação subjetiva, convocava: não era mais criança; era um homem enfrentando-se de um jeito muito complicado, muito difícil, com a vida. As intervenções e tentativas de algumas interpretações pareciam não ter nenhuma eficácia, por nenhuma via que tomasse. Testemunhando os efeitos desse "esgarçamento" dos laços sociais, quando para Fabrício se tratava de tecê-los minimamente, e, ainda, assistindo ao assentamento de um lugar de louco, de pura exclusão, passei, como dizia anteriormente, a pensar na possibilidade da indicação para psicoterapia de grupo.

Vale salientar que ele se apercebia de suas diferenças com relação aos outros, de alguns sintomas e de algumas dificuldades, de maneira que, assim que soube da terminação da sua análise individual e da indicação para o grupo, passou a indagar acerca dos outros pacientes do grupo: queria saber se tinham problemas mentais ou se eram abobalhados, o que foi a questão de passagem para o grupo.

Chega o momento de traçar um novo conto: trata-se do rapaz mais velho do grupo, Lizandro, trinta anos, estudante de violão, fã de Caetano Veloso e de Maria Betânia. Quando criança, aos sete anos, recebera o diagnóstico de esquizofrenia infantil, entrando numa pesquisa, por meio de grupo de experimentação de um psicofármaco que lhe garantia uso gratuito para o resto da vida. Inicialmente, esteve em atendimento num dispositivo clínico do CPPL chamado Espaço de Convivência, onde permaneceu por alguns anos. Quando o dispositivo do Espaço de Convivência foi encerrado, Lizandro já tinha sua análise individual. Posteriormente, iniciou a psicoterapia de grupo e dava prosseguimento ao acompanhamento psiquiátrico, com o nosso colega de equipe, cujas intervenções o tiraram daquele "grupo experimental", na medida em que não só mudou, como diminuiu substancialmente a medicação, permitindo que ele se interrogasse sobre a sua "doença". Foi um procedimento delicado e uma intervenção eficaz.

No acompanhamento do percurso de Lizandro no Espaço de Convivência, que era um local de oficinas e de trabalho em grupo, destacavam-se, em seu discurso, os questionamentos e os temores de não conseguir trabalhar, ou mesmo namorar, e ainda as angústias com relação à integridade corporal, à sua saúde ou à sua doença. Esse foi um período de muita angústia, produções delirantes e de risco de passagem ao ato.

Puxado o conto é dado o ponto: inicia-se então a textura, os entre-cruzamentos, os entrelaços, no espaço de psicoterapia de grupo.

A primeira questão que parece ter enlaçado Fabrício e Lizandro foi a da "doença". Numa sessão, Fabrício mostrou a todos do grupo a sua carteira de passe livre nos ônibus, na qual estava escrito *mental,* perguntando, então, sobre o significado. Interrogavam-nos, e nós dizíamos que cada um que estava ali tinha seus problemas, os quais poderiam ser diferentes ou parecidos, e que ali era um espaço para falar e ir encontrando alguns caminhos e soluções frente a esses problemas.

Fabrício procurou rapidamente se situar com relação a cada um do grupo. Perguntou se iam à escola, o que para ele era muito importante, se sabiam ler, se sabiam português, matemática. Dissemos a ele, então, que Lizandro era estudante de violão.

Fabrício trouxe para o grupo o relato das peripécias sexuais, amorosas, viris, dizendo-se "tarado", levando para as sessões as declarações de amor escritas para as colegas solteiras, comprometidas, mulheres casadas, como a supervisora da escola, e, finalmente, para a nossa estagiária do grupo. Perfeitamente situado com relação ao enquadramento e aos interditos do espaço do grupo, Fabrício falava sobre as suas fantasias e os seus sonhos eróticos com a jovem estagiária, fazendo-lhe seduções e, ao mesmo tempo, despertando sutil rivalização de Lizandro.

Em meio às falas, seja no início, seja ao longo de uma sessão em que nenhum dos participantes parecia demandar ser escutado, numa questão mais emergente, Lizandro propunha jogar Banco Imobiliário. Todos participavam, buscando um lugar de proprietários, no qual circulavam moeda e bens, com trânsito entre perdas, dívidas e ganhos.

Fabrício e Lizandro, no seu respeito mútuo, resultante das identificações que faziam, aguardavam sua vez e pediam seu espaço de fala. Fabrício vinha referindo menos às suas atuações "arriscadas" e Lizandro não parecia mais tomado por aquela angústia, que o levava insistentemente a perguntar sobre sua doença e sobre seu corpo de homem.

Quando um dos dois não estava bem e vinha à sessão, muito angustiado, falando exaltadamente sobre seu problema, o outro suportava solidariamente, indagando na sessão seguinte se o companheiro estava melhor e se podia falar sobre si mesmo, suas preocupações, suas dificuldades.

Observamos, após um tempo, que Fabrício começou a se experimentar na conquista de namoradas e paqueras, seduzindo, na sala de espera da instituição, algumas jovens mulheres; inaugurou-se, desse modo, a possibilidade da "cantada". Passava um longo período, após a sessão, conversando, mostrando seus cadernos e as cartas de amor que escrevia, levando-nos a perceber que buscava não mais em ato, mas na via da palavra, seduzir, ter uma namorada.

Dirigia-se a alguém, a uma mulher, que de um lugar de alteridade poderia ou não aceitar seus apelos sexual-amorosos. Aqui, o lugar do outro a quem ele se endereçava estava demarcado; alguém que carregava um desejo que ele desconhecia.

Para nossa surpresa, Lizandro, em seguida, também na sala de espera, começou a abordar e seduzir a irmã de uma parceira do grupo.

Enquanto esperavam pela realização do ato e criavam algumas fantasias sexuais, como a possibilidade para cada um de tomar um lugar social, sexual, enquanto homem, falavam durante as sessões sobre romance, sexualidade e paixão. Numa determinada ocasião, Fabrício estendeu a mão num cumprimento a Lizandro, e este lhe respondeu que não gostava de aperto de mão. Diante da pergunta de Fabrício sobre o porquê, respondeu que não sabia, mas não gostava. Passado um tempo, Lizandro despedia-se no final da sessão e já podia tocar o ombro de outra pessoa, num cumprimento.

Como dissemos anteriormente, tomamos essa experiência para fazer algumas reflexões sobre o dispositivo clínico da psicoterapia de grupo, nos seus efeitos subjetivantes.

O trabalho na direção da cura – termo herdado do saber e do discurso médico, que o ato clínico implica – coloca em jogo a possibilidade para cada um de estar num lugar a partir do qual poderá ser reconhecido e se fazer reconhecer, por meio de infinitas possibilidades, diante de um outro, ou outros, nos diversos enlaçamentos da trama social.

Pensamos a psicoterapia de grupo como um espaço privilegiado para que se operem enlaces, engendrando um trabalho psíquico que permita a produção de laços sociais, principalmente para aqueles que, por transtornos psíquicos, se encontram excluídos de uma circulação social. No espaço do grupo, é tecida uma trama transferencial – entre os terapeutas, entre os pacientes, e entre eles e os terapeutas – cuja textura e dinâmica coloca em jogo tanto as singularidades, como os efeitos que o encontro com o outro produz, na malha intersubjetiva. A proposição de um "grupo" encontra-se antecipada (na nomeação) e, costumamos dizer, a princípio é algo que está "na nossa cabeça". Trata-se, antes de tudo, uma aposta para que os enlaces se deem, ao mesmo tempo em que cada um, portador de sua palavra, de seu lugar, possa reconhecer-se e reconhecer o outro, nas semelhanças e diferenças.

Numa transferência de trabalho, a dupla de terapeutas intervém recortando, pontuando, costurando e puxando os fios para "as amarrações dos laços" – uma das formas de intervenção que, por vezes, tem efeito interpretante, por meio da fala tecida entre as terapeutas acerca do que se passa naquele momento.

Fabrício, na sua forma singular de estar no mundo, não encontrava ancoragens identificatórias. À deriva, encontrava apenas como resposta de seus pares a imagem que lhe oferecia uma identidade de louco.

No espaço da psicoterapia de grupo, ele e Lizandro constituíram laço, perpassado por identificações, as quais permitiram a cada um se assemelhar e se diferenciar, no compartilhamento e na busca de significações para suas experiências.

Referências

Bleichmar, E. D. (1995). Psicoterapia de Grupo com Crianças In J. Volnovich & C. R. Huguet (Org.), *Grupos, Infância e Subjetividade*. Rio de Janeiro: Relume-Dumará.

Calligaris, C. (1989). *Introdução a uma Clínica Diferencial das Psicoses*. Porto Alegre: Artes Médicas.

Freud, S. (1977). Psicologia de grupo e análise do ego. In *Edição standard brasileira das obras psicológicas completas de Sigmund Freud* (vol. XVIII). Rio de Janeiro: Imago.

Kupfer, M. C. (2001). Duas notas sobre a inclusão escolar. In Centro Lydia Coriat, *Escritos da criança* (Livro 6, p. 71-81). Porto Alegre: Autor.

9

Meu tempo é hoje: adolescência, temporalidade e subjetivação[1]

Maria Cicília de Carvalho Ribas

Uma jovem de dezenove anos observou que havia uma incidência razoável de pessoas com câncer de mama na sua família, o que indicava uma alta probabilidade de ela também ter câncer por volta dos quarenta anos. Assim, o que pertencia à ordem do virtual, que é a probabilidade, apareceu como real, e um câncer de mama futuro, que ainda não existia e poderia nunca existir, antecipou-se no presente e foi indicada uma mastectomia. Tal intervenção foi realizada quando a jovem estava com aproximadamente dezenove anos. Seu futuro teria sido assim supostamente transformado: câncer de mama ela não terá, mas também não tem mais seios.

Esse relato impactante, trazido por d´Amaral (2003), foi ao encontro de uma das questões que se têm colocado no meu trabalho clínico com adolescentes: como sustentar teoricamente e no âmbito da nossa atuação clínica junto a tais pacientes a dimensão de abertura com relação ao futuro no que tange à vida deles e à de seus familiares.

Ao se referir às questões suscitadas a partir do exercício da clínica psicanalítica, Tanis (1995) diz que muitas delas se originam no campo imediato da experiência clínica, estando ligadas aos níveis menos organizados de nossas hipóteses, e outras, ao se deslocar paulatinamente

---

[1] As ideias deste texto foram desenvolvidas a partir dos atendimentos com Assis no período de 2004 a 2007.

da experiência mais sensível e imediata, atingem, por consequência, o nível dos conceitos.

O trabalho desenvolvido no CPPL nos tem levado a indagar a relação entre os modelos e a experiência, e, como foi particularmente a partir do trabalho com adolescentes que isso foi impondo-se para mim, iniciarei este trabalho apresentando um breve relato do percurso de um adolescente em psicanálise, a quem denominarei aqui Assis, para, a partir dele, organizar algumas questões.

Assis, catorze anos, chegou acompanhado pelos pais e entraram todos juntos na primeira consulta. Alto, com cabelos compridos, um brinco na orelha e falando tão baixo que foi preciso desligar o ar-condicionado para conseguir ouvi-lo, disse ter pedido aos pais para o levarem a uma psicóloga porque estava sentindo-se triste sem saber o porquê; também ia muito mal na escola e não sentia vontade de estudar. A mãe estava preocupada em função da absoluta falta de interesse do filho pelos estudos e do estado de apatia em relação às coisas da vida em geral: ele não saía de casa para se divertir, não tinha amigos, nunca havia namorado. O pai não se manifestou. Assis concordou com o que a mãe disse, não tendo nada mais a acrescentar, e os pais retiraram-se da sala.

Com a saída deles, a minha conversa com Assis girou sobre notas; pedi a ele que se atribuísse valores em função de uma lista que fui compondo na hora: nariz, boca, olhos, orelhas, cabelos, barriga, pernas, peso, altura. Sorrindo, ele dizia notas que fui registrando, e depois, juntos, fizemos a média aritmética. Chegamos então à conclusão de que ele estava reprovado. Sugeri conversarmos uma segunda vez; a cada vez que ele vinha à sessão, eu propunha mais uma.

Um dia qualquer, a mãe de Assis procurou-me pedindo que eu a atendesse com urgência, o que se devia ao fato de ela ter encontrado na bolsa do filho um bilhete que tratava de morte, associando o conteúdo à possibilidade de suicídio.

Conversei com Assis sobre a vinda de sua mãe e sobre a preocupação dela ; ele disse-me que o texto encontrado era uma redação que uma professora tinha pedido, cujo tema ele escolhera pela curiosidade em saber sobre o fato de morrer e não por pensar em se matar.

As conversas passaram a girar em torno do assunto morte, e ele me trazia e lia, a cada sessão, poemas que ele próprio escrevera imaginando sua morte. No decorrer da leitura, Assis observava as minhas reações, que propositadamente expressavam, com certa dose de exagero, o horror que suas poesias me provocavam, o que parecia diverti-lo. Aos poemas se juntavam livros de terror que ele me emprestava e que também se tornavam assunto das sessões. Informava-me como identificar, no campo da literatura, os autores góticos; no campo da música, aqueles compositores influenciados pelo movimento gótico, e colocava-me a par dos sites onde eu poderia aprender mais sobre esse tema. Seu interesse pelas minhas reações e por minhas incursões nos sites e nas leituras dos livros que me emprestava era visivelmente crescente.

Começou a sair com colegas para comprar discos e roupas, a compartilhar seus poemas com eles e, particularmente, com garotas que ele tentava seduzir. Os seus poemas versavam agora sobre o tema do amor e da paixão, conjuntamente com o da morte e do morrer. Nesse mesmo período, passou a me falar sobre seu interesse por meninas e disse-me ter iniciado o namoro com uma de treze anos. Nas semanas que antecederam o Dia dos Namorados, o assunto de nossas conversas centrou-se em possíveis presentes, poemas e cartões que ele gostaria de dar à namorada, e descobriu-se sendo um grande romântico. Numa sessão mais adiante, falou-me que ele e a namorada se viam todos os dias e a intimidade entre eles aumentava a cada encontro, temendo não conseguir resistir aos seus impulsos sexuais. A namorada disse--lhe claramente que não queria por enquanto ter relações sexuais. Ele concordara, mas estava muito curioso para saber como era isso na prática. Perguntei, então, que nota se dava nesse aspecto, indo de zero a dez; ele prontamente falou-me que a nota era 9,5. Ao terminar a sessão, perguntei-lhe se daria para manter esse valor até a próxima sessão, e ele disse-me, sorrindo, que iria tentar, sem garantir. Na sessão seguinte, contou-me que a namorada tinha pedido um tempo e que tinham decidido tornar-se amigos. Nesse momento, começava outro namoro pela internet.

As minhas conversas com os pais giravam em torno dos interesses do filho e deles próprios. A mãe, economista, nunca exercera a profissão; apresentava-se como uma mulher sem nenhuma vaidade nem talento e era cobrada insistentemente pelo marido para voltar a estudar e apontada por ele como responsável pelo desinteresse do filho pelos estudos. Ela decidiu não voltar a estudar e, sim, trabalhar fora de casa, o que terminou por acontecer. O pai, professor universitário, vivia viajando para ministrar cursos e participar de bancas de defesa de doutorado, e tinha estabelecido para a mulher e o filho um planejamento de estudo que acompanhava sempre que voltava para casa. Porém, um dia, deixou de acompanhar tal planejamento e passou a assistir com o filho a filmes de terror, dos quais também gostava muito, e a trazer para ele livros de autores góticos que encontrava e lia nas suas viagens.

Trabalhar com Assis e seus pais a partir das questões que estavam em pauta para eles no tempo presente de suas vidas possibilitou para cada um construir novos projetos e reposicionar-se, como propõe Philippe Gutton, face à "história adolescente que estava em curso".

Quanto a esta ideia, "uma história que está se fazendo", Gutton (2000) destaca que:

> Dois pontos de vista são regularmente afirmados quanto à história, e todos dois são herdeiros do pensamento freudiano relativo à prática e ao que se coloca em pauta no trabalho analítico: a recuperação da história

Meu tempo é hoje: adolescência, temporalidade e subjetivação

real do sujeito por ele mesmo o libera; a experiência compartilhada da análise possibilita uma construção: *todo passado é determinado pelo presente interrogado e em criação*. Para os jovens adolescentes, estes dois pontos de vista são mais próximos do que pensamos se aceitamos a ideia de centrar no pubertário; o trabalho analítico é uma interrogação da experiência adolescente que está justo acontecendo. Ele reconstrói o passado a partir da puberdade. A confrontação não se dá entre cenas da infância e da adolescência, mas entre cenas atuais da adolescência e do "passado recente". O que quer dizer que o trabalho analítico se desenrola na concretude da vida. (p. 50, itálicos nossos)[2]

O trabalho com Assis e seus pais, cujo desfecho foi muito interessante para todos, indicou-me que trabalhar em psicanálise de adolescente sem retomar necessariamente a infância abre a escuta para os significados possíveis de serem construídos no tempo atual. Favorece, ainda, a flexibilização no manejo clínico, possibilitando uma relação singularizada e mais criativa. Mas essa experiência não era consoante com a perspectiva de compreensão da adolescência na qual eu me havia baseado durante muitos anos.

Constata-se, na literatura psicanalítica, a associação da adolescência com crise e fragilidade. Tal associação advém da ideia de que a adolescência é um período de intensos conflitos devido às transformações pubertárias que, ao colocar em pauta a possibilidade de realização do incesto, reativaria, portanto, os conflitos vividos na infância agora de forma bastante intensificada. A maneira pela qual o adolescente lidaria com a revivescência do complexo de Édipo seria por meio da ruptura das relações anteriormente instituídas com as figuras parentais. O adolescente deveria reorganizar seu mundo interior. Essas modificações não poderiam efetuar-se sem conflitos, principalmente internos,

---

[2] Tradução nossa.

já que implicariam um trabalho de luto de certas imagens do próprio adolescente e dos pais. Tais remanejamentos provocariam sofrimento e angústia, num processo que colocaria em questão a integridade do ego ou as falhas na sua organização.

Assim, a lógica do trabalho analítico no contexto de uma psico-terapia implicaria necessariamente a elaboração dos conflitos infantis com vistas a um bom ingresso na vida adulta. Aqui, passado e futuro sobrepujam-se ao presente. Trata-se de uma compreensão marcada pela proposição freudiana segundo a qual a adolescência seria reduzida ao tempo do "só depois" da sexualidade infantil.

Freud tomou como modelo do "só depois" uma problemática da adolescência e mostrou como um primeiro evento, efetivamente traumático, não tinha podido ser integrado pela criança e que só num segundo tempo essa cena recebe toda sua significação.

No vocabulário de psicanálise, ao definirem o "só depois", Jean Laplanche e Jacques Bertrand Pontalis (1969) assinalam que

. . . a puberdade conjuga de forma privilegiada um precipitado de even-tos psíquicos, de situações vividas e de remanejamentos orgânicos que vão permitir ao sujeito aceder a um novo tipo de significações. O que já estava lá anteriormente não estava ainda; a nova significação que surge dá sentido, só depois ao que já estava lá, e assim o transforma. (p. 443)

Nessa perspectiva clássica da temporalidade adolescente, no que diz respeito a Assis, seu desinteresse pelas coisas da vida em geral e seu estado de apatia tomariam toda a cena, e o que era da ordem da curiosidade (saber como se morre) só seria considerado enquanto corroborando a situação de risco em que se encontrava; daí os sintomas apresentados que, por sua vez, revelavam falhas na elaboração das identificações, no processo de separação-individuação na infância.

Meu tempo é hoje: adolescência, temporalidade e subjetivação   147

É essa perspectiva clássica da temporalidade adolescente que, de uma forma geral, é a mais conhecida pelos estudantes e a mais referendada pelos profissionais. De tal perspectiva decorre uma abordagem do adolescente, que é produzida a partir da compreensão da constituição psíquica, seu passado, e daí como está agora, no presente, e ainda a prenunciar-lhe um futuro.

Minha iniciação como psicanalista, como já falei anteriormente, foi a partir de atendimentos a adolescentes, e as minhas referências teóricas de então propunham que considerássemos a adolescência como um tempo de crise e de revivescência dos primeiros tempos da infância. Durante um período, tais proposições moldaram minha forma de atuar com jovens no trabalho psicanalítico, valorizando então um já constituído, de onde as causas provêm, colocando assim, como diz Márcio Tavares D'amaral (2003), a prática a serviço da teoria, a ação a serviço da reflexão. Nessa perspectiva, conforme afirma ainda o autor, a prática e o fazer estão constantemente submetidos ao saber, ao conhecimento, à verdade e à especulação.

Sabemos que no campo de atuação, que é o nosso, teorizar sobre nossa prática clínica é uma necessidade de trabalho, e tal exigência fica mais premente quando nossa experiência coloca em questão construções teóricas compartilhadas por vários colegas de profissão e que, inclusive, nos serviram de referência também.

A experiência com Assis abria-me possibilidades de aprender um outro jeito de aprender e tentar permanentemente configurar o exercício da prática clínica como um espaço de produção, e não de mera aplicação de conhecimentos. Nesse sentido, a experiência com Assis impulsionou-me a novas leituras.

A reflexão de psicanalistas franceses que trabalham com adolescentes, particularmente Alain Braconnier, Philippe Gutton, Jean-José Baranès e Raymond Cahn, ajudou-me a argumentar acerca da importância das experiências vividas no tempo atual, ou seja, sobre os efeitos de subjetivação delas para o adolescente e seus familiares, seja na psicanálise, seja na vida cotidiana.

As proposições dos autores acima são mais consoantes com a postura assumida no trabalho com Assis.

Segundo Cahn (1998), somente no decorrer das últimas décadas é que um número significativo de psicanalistas se engajou no tratamento psicanalítico de adolescentes. Ao se dedicarem a esse campo de atuação psicanalítica e teorizar sobre ele, propuseram diferentes formulações, que Cahn resumiu destacando duas posições: uma que privilegia a intensificação da problemática edipiana, e outra que privilegia uma problemática próxima dos estados limites em que as bases narcísicas do indivíduo estão em questão. Mas, conforme Cahn (1998), uma outra perspectiva, que considera as manifestações de sofrimento na adolescência como a expressão, a consequência de uma dificuldade do trabalho de subjetivação, é mais profícua. Vale salientar que esse autor foi um dos primeiros psicanalistas franceses a utilizar o termo "subjetivação", designado por ele como a teorização do surgimento originário do sujeito.

Ao situarem o local central da subjetivação na adolescência, os psicanalistas franceses possibilitam compreender a temporalidade adolescente de uma forma diferente da que estava classicamente estabelecida, e abrem novas perspectivas no que se refere ao trabalho analítico com adolescentes.

Nesse sentido, como propõe Cahn (1998), o objetivo do trabalho analítico seria, então, o de utilizar os elementos do presente que vão surgindo ao longo da análise, os quais são suscetíveis ao trabalho de elaboração e perlaboração, inclusive todas as capacidades ainda disponíveis de ligação, simbolização e metaforização. Trata-se, para esse autor, de favorecer a instauração de uma área intermediária, a partir, por

Meu tempo é hoje: adolescência, temporalidade e subjetivação

exemplo, de um objeto cultural comum, livro, quadro, filme, ocasião ou pretexto para conversas, cujos temas estão, ao mesmo tempo, distante dos verdadeiros conflitos em causa, mas suscetíveis, de forma mais ou menos indireta, de ser veiculados, trabalhados, integrados.

Nessa perspectiva, o trabalho analítico com adolescentes é uma ocasião propícia para a subjetivação de sua história por ele, no momento mesmo em que reivindica a atualidade absoluta de sua experiência.

Vemos, então, que classicamente definida como tempo do "só depois" da sexualidade infantil, a temporalidade adolescente pode ser também concebida como uma ocasião para uma apropriação subjetiva, crucial para o tornar-se adulto. E, assim, à fixidez atribuída por conta de rupturas graves no desenvolvimento é possível contrapor a tomada da temporalidade adolescente nesse último registro em que a subjetivação tem um lugar central.

O que nos interessa destacar aqui, é que, como assinala Jô Gondar (1995), diferentemente da tradução inglesa e da portuguesa, nas quais o "só depois" foi definido como pré-determinado pelo passado, moldando assim a atuação e produção teórica de certos autores, na tradução francesa, o "só depois" é descrito como construção de um sentido para o passado a partir do presente.

De acordo com a tradução inglesa e a portuguesa, a decisão de realizar a mastectomia na jovem de dezenove anos é considerada acertada. Em consonância com a tradução francesa, Assis construiu significados para sua vida no tempo atual e abriu possibilidades para o futuro.

Referências

Braconnier, A. (Org.). *L'adolescence aujourd'hui*. Ramouville Saint--Agne: Èrès, 2005.

Cahn, R. (1998). *L'adolescent dans la psychanalyse*. Paris: PUF.

Gutton, P. (2000). *Psychothérapie et adolescence*. Paris: PUF.

D'amaral, M. T. (2003). Sobre tempo: considerações intempestivas. In M. Doctors (Org.). *Tempos dos tempos*. Rio de Janeiro: Jorge Zahar.

Gondar, J. (1995). *Os tempos de Freud*. Rio de Janeiro: Revinter.

Ribas, M. C. C. *Une étude clinique sur les capacites de séparation chez des adolescents et jeunes adultes psychotiques*. Tese de doutorado, Laboratoire de Psychologie Clinique, Université Paris 5 – René Descartes, Paris.

Tanis, B. (1995). *Memória e temporalidade: sobre o infantil em psicanálise*. São Paulo: Casa do Psicólogo.

10

A sabedoria perdida dos pais e as certezas dos especialistas

Ana Elizabeth Cavalcanti

"A coisa mais difícil que existe na vida é educar um filho"; "não convivemos mais com nossos filhos como fizeram nossos pais"; "ser pai e mãe hoje é uma tarefa quase impossível, uma tarefa para Indiana Jones"; "procuro não ser pai, temos uma relação de igual para igual; somos amigos." Essas são algumas das frases que com frequência costumamos ouvir de pais e mães, seja em conversas informais, sociais ou familiares, seja nos consultórios de psicologia, psiquiatria ou psicanálise.

Como vem sendo frequentemente observado, os pais hoje se sentem cada vez mais desautorizados e incapazes de cuidar dos filhos e educá-los, delegando essa tarefa aos especialistas e educadores. Culpabilizá-los tem sido o procedimento mais comum, no entanto, é apenas o caminho mais fácil, o que não ajuda e até impede uma reflexão que aponte outras saídas.

É preciso pontuar que, na base desses posicionamentos dos pais, se encontram razões históricas e culturais, pois, se constatamos que a família, enquanto laços sociais que se organizam em torno da procriação, é uma realidade transistórica, não podemos afirmar que esses laços tiveram sempre as mesmas configurações. Os vários desenhos de família, existentes ao longo da história de diferentes culturas, apontam para o seu enlace com os modos de sociabilidade e os laços sociais ali estabelecidos. Assim, as atuais configurações da família não podem ser discutidas sem que se levem em conta os movimentos culturais ocorridos no ocidente nos dois últimos séculos. Eles exerceram uma influência decisiva nos diferentes desenhos da esfera familiar encontrados hoje no campo social.

Como é sabido, a família moderna que chega até os nossos dias com a denominação de família nuclear se impôs como modelo entre o final do século XVIII e início do século XIX, permanecendo estável até meados do século XX (Ariès, 1981). Centrada na conjugalidade e numa lógica afetiva em que a união do casal se baseia nos vínculos ditados pelo amor romântico e nos cuidados dirigidos à criança, ela substituiu o modelo de família tradicional, em que os casamentos serviam para assegurar a transmissão de um patrimônio e a afetividade e a vida sexual dos cônjuges não eram levadas em consideração. Sustentada na crença de um mundo estável e imutável, a família tradicional era ordenada em torno da autoridade do pai, a quem era atribuído um poder divino, nos moldes do poder monárquico.

O surgimento da família nuclear coincide com o declínio da monarquia, da entrada em cena do indivíduo e com a valorização da vida privada. Desse modo, é um efeito de todas as tendências e movimentos que, desde o final do século XVIII e ao longo do século XIX, instituíram a sociedade civil e o Estado-Nação. A família nuclear nasce, portanto, na esteira dos limites impostos ao poder tirânico e ao soberano do pai, da revolução sentimental sustentada pelo romantismo e dos modos de intervenção médico-higiênicos colocados em curso como um dos aparatos tutelares do Estado moderno sobre o cidadão (Roudinesco, 2003).

Esse modelo de família surgiu, assim, como um novo pacto centrado na reciprocidade de sentimentos entre os cônjuges, que, unidos pelo amor, dividem a responsabilidade de cuidar dos filhos e educá-los. A autoridade paterna continuou ainda um ordenador, no entanto, passou a ter uma dimensão simbólica, assentada em acordos e alianças. Por outro lado, esse pacto se centrou também numa aliança com o Estado, com quem os pais passaram a dividir suas tarefas em relação aos filhos. A autoridade simbólica do pai e o estreito enlace entre o público e o privado representam, portanto, os pilares desse novo modelo de família. Isso equivale a dizer que, no que pese o gosto crescente da família moderna pela vida privada, pela vida sentimental ou pela intimidade, manteve-se um laço indissociável de pertinência e de responsabilidade com a coisa pública e com a construção de um projeto coletivo de nação. Por isso, para os pais, parecia claro o seu papel em relação aos filhos: educá-los e abrir-lhes caminhos para que se tornassem cidadãos de bem, cujo perfil era traçado por valores construídos e compartilhados na esfera pública.

Os acontecimentos do século XX, que chegam ao ápice nos movimentos sociais das décadas de 1960 e 1970, exerceram um impacto decisivo nessa ordem familiar hegemônica e mais ou menos estável até a primeira metade do século XX. Dentre esses acontecimentos, destacam-se o movimento dos estudantes parisienses em maio de 1968 e seus desdobramentos, o que representou o rompimento com o modelo de autoridade paterna, cuja crise se acentuava desde o final do século XIX, mas era ainda uma referência estável. Ainda merecem destaque a revolução sexual, o movimento hippie e o feminista, que modificaram por completo o lugar social da mulher; por fim, o avanço do capitalismo, da economia de mercado, da cultura do individualismo e da expansão do espaço privado, os quais promoveram um enfraquecimento do entrelace entre as esferas pública e privada. Essas ocorrências das três últimas décadas do século XX promoveram o desmonte do que poderíamos entender como pilares do modelo de família nuclear, que, por nos orientar de forma mais ou menos estável durante mais de um século, parecia imutável.

É, portanto, no contexto do declínio da autoridade paterna – que representava o último elo de ligação com a tendência da tradição a produzir construtos universais e certezas mais estáveis – e do enfraquecimento do enlace entre as esferas pública e privada – o qual colocava pais, mães e filhos inseridos numa ordem social construída pelas gerações pelas quais se sentiam responsáveis – que podemos entender as relações familiares do nosso tempo.

Destituídos das derradeiras certezas que a autoridade parental ainda lhes conferia e da ancoragem social que lhes oferecia um sentido e um certo rumo na criação e na educação dos filhos, os pais contemporâneos iniciam essa caminhada meio trôpega a que temos assistido, tentando construir novas formas de se organizarem em torno de suas crias.

Assim, os jovens que fizeram as "revoluções" das décadas de 1960 e 1970 inauguraram uma geração de pais e mães que se propunham a construir novas relações com seus filhos, estabelecendo-as em outras bases. Idealizaram: "Seremos para nossos filhos o que nossos pais não foram para nós, ou seja, mais próximos e mais amigos; não vamos impor-lhes limites muito rígidos e, dessa maneira, descobrirão o que é melhor para eles; diminuiremos os conflitos de gerações e poderemos continuar conversando com nossos filhos aos quarenta, cinquenta, sessenta anos".

Alguns, empurrados por esses imperativos de modernização, perseguiram esse ideal como prescrição, ao pé da letra. Foram amigos dos filhos: dançaram com eles, trocaram confidências sobre sexo e compartilharam drogas, compactuaram com suas pequenas e grandes violências e transgressões. Acreditaram estar produzindo uma geração livre e responsável e não perceberam que apenas faziam com os filhos uma espécie de aliança para contestar um modelo de pais, um modelo de família.

Os efeitos dessas desconstruções – articuladas em torno da contestação de um antigo modelo de autoridade e de família e em estreita sintonia com os imperativos de satisfação imediata que definem a felicidade na lógica do consumo vigente na atualidade – vão tornar-se mais visíveis ao longo da década de 1990. Frente a filhos mimados, tirânicos, os quais apreenderam perfeitamente o que lhes estávamos demandando – sejam tudo que não fomos; sejam a imagem de nossa felicidade –, assistimos ao patético espetáculo de pais ora impotentes e descabelados, ora violentos e desmedidos.

É nessa busca errática por um modelo que os pais recorrem geralmente ao especialista psi. Não é de espantar, portanto, que a palavra do especialista – seja ele psicólogo, psiquiatra ou psicanalista – nessas circunstâncias adquira tamanha força. Como outras figuras da contemporaneidade, imbuídas de poder semelhante, ela parece resgatar os encantos, as doçuras e as amarras do "porto seguro" da autoridade paterna. Esse encontro acontece, portanto, sob o efeito de uma combinação explosiva: as certezas do especialista, respaldadas pelo seu saber sobre a criança, e as incertezas e inseguranças dos pais, que se sentem cada vez mais desautorizados perante os filhos.

A figura do especialista e da sua intervenção na vida familiar tem uma história relativamente recente. Ela esboça-se no contexto das intervenções médico- higiênicas sobre as famílias da elite no século XIX, as quais coincidiram com o anseio da justiça da época de ampliar a sua atuação, de uma esfera puramente punitiva para uma ação preventiva. Foi nesse cenário que, inicialmente, os chamados trabalhadores sociais se aliaram ao poder judiciário para cuidar da infância, praticamente substituindo o professor primário na missão civilizadora do corpo social. Foi nesse contexto, em que esses "técnicos" foram galgando um lugar privilegiado nos cuidados da infância, que os saberes psiquiátricos e psicológicos também passaram a ocupar um lugar de relevância. A construção social do lugar do especialista guarda, portanto, estreita relação com a ideia de prevenção, inclusive, contra os efeitos maléficos e prejudiciais da família sobre a criança. Era preciso infiltrar-se nas famílias para orientá-las, para impedir que algumas de suas ações – fora dos moldes do que recomendavam os recentes e prestigiados saberes médico, psiquiátrico e psicológico – pudessem comprometer o futuro das crianças. Por outro lado, era também necessário detectar, o mais cedo possível, traços ou indícios de personalidades de risco – na época, o foco privilegiado eram indícios de perversão e delinquência – para que se pudessem prevenir distúrbios futuros mais sérios.

Não é por acaso que, nas décadas de 1970 e 1980, as práticas da psiquiatria, da psicologia e da própria psicanálise vão ser associadas por Foucault e alguns outros autores aos mecanismos de controle do Estado sobre o cidadão. J. Donzelot (2001), por exemplo, num interessante ensaio intitulado "A polícia das famílias", trata especificamente dessa dimensão tutelar do Estado sobre elas, por meio da prática do especialista.

Pois, do meu ponto de vista, é justamente essa dimensão tutelar da prática do especialista que se oferece como uma alternativa atraente, tanto para os pais quanto para os especialistas. Sem as antigas referências, às voltas com arranjos familiares novos e muito mais diversos e, ainda, sem contar com o respaldo de uma ancoragem social que dê um mínimo de sustentação, a palavra do especialista, assentada no mito científico que pauta os modos de vida hoje, termina assumindo a feição de verdade inquestionável. Assim, é uma palavra apaziguadora, mesmo quando impõe restrições ou antecipa situações temíveis e indesejadas. Como escutamos de alguns pais, inúmeras vezes, em nossa clínica: "Prefiro saber que o meu filho é autista a ficar sem o diagnóstico". Ou seja, para alguns, é mais apaziguador receber de um especialista a sombria sentença de que seu filho é autista, lidar com ele a partir do que se descreve sobre uma criança autista e seguir preceitos de treinamento às vezes inimagináveis para um ser humano, do que se lançar na aventura de conhecer e se fazer conhecer por uma criança tão singular.

O efeito nefasto dessa injunção é que os especialistas terminaram induzindo o que pretendiam evitar. Os exemplos sobre os efeitos iatrogênicos de algumas intervenções de especialistas são fartos. Só para citar alguns: foi aprofundando o conhecimento e tentando prevenir o autismo que hoje essa patologia, que há duas décadas era raríssima, teve a sua incidência tão aumentada; o mesmo aconteceu com o transtorno do déficit de atenção e da hiperatividade que hoje acometem uma quantidade absurda de crianças em idade escolar. Poderíamos citar mais uma centena deles[1].

Cabe, então, refletir sobre o lugar que nós, psicanalistas e a própria psicanálise, ocupamos nessa história. Porque, se por um lado precisamos reconhecer que estamos inseridos no contexto desse discurso, por outro acredito ainda na atualidade e no vigor da psicanálise, para problematizá-lo.

Não se pode contestar que, como qualquer saber, a psicanálise é datada. Nesse sentido, como diz J. Derrida em seu diálogo com Elizabeth Roudinesco (Derrida & Roudinesco, 2004), entende-se a preocupação de Freud em criar uma metapsicologia, mas o autor não acredita que essa é a grande contribuição da psicanálise, muito menos o que a mantém ainda atual:

> Talvez me engane, mas o Isso, o Eu, o Supereu, o ideal do eu, o processo secundário e o processo primário do recalcamento – em suma, as grandes máquinas freudianas (incluindo o termo e o conceito de inconsciente!) – não passam a meus olhos de armas provisórias, utensílios retóricos montados contra uma filosofia da consciência, da intencionalidade transparente e plenamente responsável. Não creio em nada no seu futuro. Quase não se fala mais disso. Prefiro em Freud as análises parciais, regionais, menores, as sondagens mais aventureiras. A visada em si, digo, a visada da revolução psicanalítica, é a única a não descansar, a não se refugiar, em princípio, no que chamo um álibi teológico ou humanista. . . . Todas as filosofias metafísicas, teologias, ciências do homem acabam

---

[1] Sobre isso, ver Cavalcanti e Rocha (2001), e o texto "A sindromização nossa de cada dia", de Ana Maria Rocha, publicado neste livro.

por recorrer, no desdobramento de seu pensamento ou de seu saber, a um tal álibi. (p. 207)

A audácia do pensamento psicanalítico estaria, segundo Derrida, em ser um saber sem álibi, o que permite pensar a teoria como ficção, sempre provisória e parcial.

Pois é desse lugar que a psicanálise pode oferecer-se como um saber útil para compreender este momento em que vivemos, as consequências tardias da destradicionalização. Só desse lugar podemos tentar acompanhar as transformações radicais por que tem passado a família, entender os inúmeros e inesperados arranjos que surgiram nesse âmbito, sem tentar encaixá-los a qualquer custo em modelos conhecidos, diagnosticando-os como patológicos ou desviantes. Sabemos que há uma demanda social crescente para que a psicanálise ocupe o lugar de um saber pleno, com condições de explicar todos os comportamentos humanos. É a versão "Freud explica", popularizada da psicanálise, que exerce um efeito apaziguador. É esse lugar, no entanto, no qual a palavra do psicanalista funciona como álibi, que precisamos recusar, pois essa seria a pior posição que se esperaria num momento que exige novas construções.

Como bem disse Derrida, Freud construiu um saber sem álibi, e por isso ele pôde dar ao encontro entre duas pessoas que falam a dimensão de um acontecimento único, de uma aventura em que as duas se podem inventar e reinventar, criar e recriar contínua e indefinidamente. Do meu ponto de vista, essa foi a grande invenção freudiana, aquilo que o faz sobreviver às suas próprias construções maquínicas do psiquismo, que o atrelam a um modelo universal e hegemônico de subjetividade e de cultura. É, portanto, o que mantém o seu pensamento vivo e atual, sobretudo porque permite pensar a construção da subjetividade e a dos laços sociais fora de qualquer ordenador transcendente, abrindo a possibilidade de valorização da experiência, tão destituída pela modernidade.

Dentre os pós-freudianos, Winnicott é um dos que mais enfatizaram esse aspecto. Ele, mais do que ninguém, entendeu que o processo de subjetivação se dá num encontro, na possibilidade de ser entre outros, numa espécie de partilha, de parceria, como ele costumava dizer. Sua crença nas capacidades inatas do homem, as quais se atualizam na presença de um outro que cuida porque é capaz de se identificar, dá à subjetivação uma dimensão contingente, sem que possa ser pautada por qualquer parâmetro transcendente ou determinante. Por isso, quando ele falava às mães e aos pais, não oferecia soluções nem teorias, mas simplesmente os instigava a ser eles mesmos, a construir com seu filho um jeito singular de pai e mãe.

A posição de Winnicott fica muito clara na série de palestras que proferiu na década de 1950, em um programa da BBC de Londres sobre questões ligadas à infância. Em 1957, grande parte dessas conferências serviu de base para a publicação do livro *A criança e seu mundo* (Winnicott, 1982), do qual vale a leitura de alguns trechos, por se acharem estreitamente ligados ao nosso tema.

Já na introdução, ele reafirma a ideia, presente em grande parte de seus escritos, de que:

> . . . os melhores instintos maternos promanam de uma confiança natural nos recursos próprios e convém distinguir as coisas que ocorrem naturalmente e as que têm de ser aprendidas . . . Convém distinguir entre ambas, para que tudo quanto sucede naturalmente não se estrague. (p. 11)

Ele diz ainda, nessa mesma introdução:

> O asseio administrativo, as leis da higiene, uma louvável preocupação em incentivar a saúde física, estas e muitas outras coisas se interpõem entre a mãe e seu bebê e é improvável que as próprias mães se ergam num esforço

conjugado para protestar contra essas interferências. . . Espero levar-lhes apoio à confiança que depositam em suas tendências naturais, enquanto, ao mesmo tempo, rendo completo tributo à habilidade e ao zelo dos que prestam ajuda quando a mãe e o pai ou vários substitutos paternos necessitam de quem os auxiliem. (p. 12)

No decorrer dos capítulos seguintes, o autor continua:

É vitalmente importante que se entenda o papel desempenhado pelos que se preocupam com o bebê, a fim de que possamos proteger a jovem mãe de tudo quanto pretenda interpor-se entre ela e o seu filhinho. Se ela não compreende aquilo que realiza, está a um passo de estragar facilmente sua tarefa, tentando fazer o que lhe dizem que deve ser feito ou o que a sua própria mãe fez ou o que os livros afirmam. (p. 18)

E completa:

. . . Creio que a coisa mais importante é a leitora sentir facilmente que o seu filhinho é digno de ser conhecido como pessoa e, o que é mais importante, digno de ser conhecido o mais cedo possível . . . Se eu fosse você, não esperaria que os psicólogos decidissem até que ponto um bebê é humano ao nascer – eu tomaria a iniciativa de conhecer por mim próprio essas pequenas pessoas e de fazer com que ele ou ela me conhecesse. (pp. 20-21)

O que me parece interessante nesses trechos, e por isso fiz questão de trazê-los na íntegra, é que Winnicott nos oferece um outro lugar para falar com os pais e com as mães. Ele não se omite, porque acredita que deve colocar os seus conhecimentos à disposição dos pais para que eles possam usá-los a seu favor e também de seus filhos, mas recusa--se a ocupar o lugar de que sabe mais do que eles sobre suas crianças. No contato com os pais, ele não se afasta da crença de que tudo que é humano se constrói de forma partilhada. Assim, não se abstém de apresentar-lhes seus conhecimentos de modo que os pais e as mães possam apropriar-se deles de forma criativa, sendo cada vez mais eles mesmos no cuidado com os filhos. Nesse sentido, ele retoma o que de mais interessante existe na invenção freudiana: a dimensão do encontro como acontecimento, como evento único a partir do qual não é possível qualquer generalização.

Talvez seja essa a posição a partir da qual a psicanálise possa colocar-se na contramão dessa demanda social por modelos prontos que devem ser copiados e seguidos de forma completamente acrítica. Talvez seja essa a forma de se manter fiel ao seu principal tributo.

Espero, portanto, que, enquanto psicanalistas, quando nos dirigirmos aos pais e às mães, sejam pais de nossos pacientes ou não, possamos oferecer-lhes um encontro e, como tal, lançar-nos com eles na aventura de andar em caminhos ainda não trilhados, que funcionem como contraponto às certezas que só trazem angústia, culpa e ressentimento.

Referências

Ariès, P. (1981). *História social da criança e da família*. Rio de Janeiro: LCT – Livros técnicos e Científicos Editora.

Cavalcanti, A. E., & Rocha, P. S. (Org.). (2001). *Autismo, construções e desconstruções*. São Paulo: Casa do Psicólogo.

Derrida, J., & Roudinesco. E. (2004). *De que amanhã...* Rio de Janeiro: Jorge Zahar Editor.

Donzelot, J. (2001). *A polícia das famílias*. São Paulo: Editora Graal.

Roudinesco, E. (2003). *A família em desordem*. Rio de janeiro: Jorge Zahar Editor.

Winnicott, D. W. (1982). *A criança e seu mundo*. Rio de janeiro: LCT – Livros técnicos e científicos Editora.

11

Contribuições psicanalíticas para repensar a função educativa da escola

Valéria Aguiar C. Martins

As questões e reflexões aqui apresentadas surgiram inicialmente a partir do trabalho clínico institucional com crianças e jovens, no CPPL, particularmente com crianças que apresentavam problemas graves no desenvolvimento. A clínica psicanalítica com crianças convoca-nos insistentemente e de diferentes formas a depararmos com as questões relativas à educação escolar. A posição em que se encontra o sujeito criança, de estar ainda em constituição, leva-nos não só a escutar os vários discursos que se produzem em torno dela, bem como possibilita que nos ocupemos com as vicissitudes, inclusive com os obstáculos na sua inserção no mundo. Sabemos o quanto determinadas injunções podem deixar consequências indeléveis por toda a infância. No tocante aos adolescentes, todos concordamos que o não pertencimento a um grupo, ou ainda, um meio ambiente que não favoreça o surgimento de laços identificatórios entre os sujeitos, parece ser absolutamente nefasto para qualquer jovem.

Como decorrência da prática clínica, o campo de interconexão entre Psicanálise e Educação passou a se constituir como espaço de trabalho e pesquisa: escutar os educadores, os coordenadores e os psicólogos escolares; acompanhar em supervisão o trabalho realizado pelas educadoras nas classes de autistas, de psicóticos e de crianças com surdocegueira da rede pública estadual; ministrar cursos e capacitações para educadores da rede pública e privada, todo esse universo me permitiu apresentar as questões deste trabalho, bem como discutir algumas proposições.

Pois bem, vamos partir da questão acerca de como a educação das crianças se tem realizado no espaço escolar, considerando a problemática que representa o desacordo entre educadores e pais sobre a função educativa da escola.

Comecei a abordar essa questão num artigo intitulado "Espaço escolar como herdeiro das funções parentais" (2001), no qual faço uma breve retomada histórica para pensar a atualidade. Nesse texto, trago a contribuição de Philippe Ariès, no seu livro *História Social da Criança e da Família* (1981), o qual nos fala sobre a origem, o surgimento da noção de infância, família e escola, tal como hoje os conhecemos. O autor mostra-nos que a noção, o sentimento acerca de uma especificidade da infância, tem pouco mais de trezentos anos, e que as transformações nas mentalidades ocorridas desde o século XVII resultaram numa nova configuração da família e em novas formas de socialização e transmissão de conhecimento. As mudanças ocorridas com essa revolução profunda e lenta configuraram, portanto, a família moderna, sustentada por laços sentimentais entre pais e filhos, na qual os pais são responsabilizados pelos cuidados e destinos das crianças. A família concentrou-se em torno da criança, recolhendo-se numa intimidade.

Simultaneamente, a educação passou a ser ministrada pela escola, substituindo as formas de aprendizagem e de socialização anteriores, que eram adquiridas pela participação na vida coletiva. De maneira crescente, a escola passou a se organizar em classes, considerando as idades, e a se estender, abrangendo um contingente cada vez maior de crianças. Tornou-se, assim, ". . . um instrumento normal de iniciação social, da passagem do estado de infância ao de adulto" (p. 231). E Ariès conclui: "Nossa civilização moderna, de base escolar, foi então definitivamente estabelecida. O tempo a consolidaria, prolongando e estendendo a escolaridade" (p. 233).

Numa breve pontuação: o nascimento do lugar de criança engendra uma reorganização na família, atribuindo aos pais um lugar de implicação, no tocante aos destinos individuais dos filhos, cuja responsabilização é compartilhada com a educação escolar. A família e a escola modernas nascem ao mesmo tempo.

Essas considerações permitem estabelecer um primeiro ponto de articulação para o desdobramento da questão inicial: a escola é desde sempre um lugar de inscrição social, cuja responsabilização está para além do ensinamento, para além da tarefa pedagógica e, portanto, da instrução. Nessa perspectiva, tem uma função coextensiva à dos pais, na tarefa de educação das crianças.

Numa definição mais ampla, educar refere-se à função realizada pelos adultos (pais, educadores e seus substitutos), cujo trabalho é permitir que a criança ingresse na cultura, tomando um lugar frente à lei, aos códigos e aos discursos que nos organizam no social.

Acrescentamos, porém, que a tarefa de educar se coloca de diferentes formas, dependendo da posição do adulto implicado na relação com a criança ou com o adolescente, tanto é que não confundimos os lugares dos pais com os dos educadores. Vários seriam os recortes na psicanálise para dizer do lugar dos pais: a criança, enquanto filho, toma lugar em relação ao desejo e ideais dos pais, principalmente em relação àqueles não atingidos por eles. Os pais escolhem um nome para a criança, designam-lhe o sexo, incluem-na numa linhagem, num sistema de parentesco, apresentando-lhe o mundo. Imprimem, assim, marcas, por meio dos seus cuidados e do seu discurso, transmitindo-lhe valores, visão de mundo, saberes e um estilo. Toda a educação realizada pelos pais ocorre considerando o seu desejo, ou seja, os ideais que pautam o desejo e a versão que eles, pais, constroem acerca dos imperativos, das demandas e dos ideais sociais vigentes.

Como foi referido anteriormente, propomos que a função do educador é coextensiva à dos pais, mas ambos têm lugares distintos.

O educador, enquanto sujeito, fez uma escolha profissional, a partir do seu desejo, cuja prática resulta na construção de um estilo próprio. O desejo de educar se faz representar na responsabilização e na disponibilidade subjetiva do educador, no trabalho de transmissão de saberes e de visões de mundo, oferecendo-se enquanto suporte identificatório, na perspectiva de que ali, na criança ou no adolescente, há "alguém em formação", um sujeito em constituição. Ensinar, instruir, transmitir conhecimentos são atos que se inscrevem, ademais, como pedagógicos, legítimos do professor.

Em síntese: reconhecer e delinear os diferentes lugares dos pais e dos educadores permite-nos, ao mesmo tempo, estabelecer sua proximidade. A proposição, portanto, de que a função do educador é coextensiva à função dos pais coloca em pauta a transmissão como o trabalho comum a ambos.

Ao longo do tempo, portanto, diferentes "acordos" foram feitos entre pais e educadores, no sentido de dividir, mapear, equacionar essa mesma tarefa. Nas últimas décadas, porém, temos assistido a um total desacordo, e talvez a uma guerra, nem sempre silenciosa, entre família e escola, em função de uma atribuir à outra a função de educação das crianças e dos adolescentes, particularmente no âmbito da transmissão de referentes éticos, de valores, de regras e de códigos sociais. Do seu lado, a escola toma para si, e tem reconhecido apenas a tarefa de instruir, prometendo capacitar para o bom desempenho, boa performance, como garantia de um futuro promissor para as crianças. Não raro, encontramos pais e educadores "desimplicados", "inibidos", "desautorizados" nas suas funções; uma análise desse quadro poderia apontar-nos alguns caminhos que, de uma forma mais geral em psicanálise, diríamos tratar-se de um sintoma social, tendo em vista o declínio da função paterna na nossa cultura.

Ao interrogar, no entanto, acerca de como essa problemática se apresenta no cenário da escola da rede pública, com seus diversos atores,

Contribuições psicanalíticas para repensar a função educativa da escola

deparamos com alguns imperativos que se têm colocado para as escolas na atualidade, os quais trazem desdobramentos para todos: educadores, gestores, alunos e pais. Trata-se dos discursos e reformas propostas pelo movimento de Inclusão Escolar, que se constitui como um paradigma respaldado por um discurso político e ideológico baseado na diversidade e na igualdade de direitos.

Recolocamos, então, a pergunta na sua articulação com os discursos, com as reformas e as proposições mais atuais acerca da educação escolar voltada para a diversidade: qual é atualmente a concepção que tem sido compartilhada sobre a função educativa da escola, considerando a proposição de "escola para todos"?

Os avanços e as conquistas obtidas, desde a nossa Constituição de 1988, a Declaração de Salamanca, passando pela LDBEN, de 1996, e incluindo a Convenção da Guatemala, de 2001, parecem ser indicativos de que estamos mundialmente cuidando de nossas crianças e garantindo um futuro possível para nós e para a humanidade. A proposição de "escola para todos" dá lugar à construção de "uma escola para todos".

Ocorre, porém, que os discursos que se produzem e as ações que se desdobram na construção da "escola para todos" parecem não ser os mesmos no tocante às concepções acerca do princípio da diversidade, da igualdade de direitos, do respeito às diferenças. Parece não haver questão a respeito da equivocidade presente nessas concepções, tampouco acerca das contradições que estão perpassando as políticas, as reformas e as práticas no campo da educação escolar.

Nessa perspectiva, frente à construção de uma escola para todos, voltada para a diversidade, embasada na igualdade de direitos e no respeito às diferenças, criamos um único modelo de escola: a *escola inclusiva*. Esta é um produto do movimento de inclusão escolar brasileiro, o qual responde a uma indiscutível tendência e movimento mundial no sentido da inclusão social. Trata-se, porém, da proposição de que todos os alunos estejam numa sala de aula comum, com um mesmo professor ensinando-os, fazendo algumas "adaptações", "quando necessário". Isso significa que garotos "convencionais", cegos, surdos (inclusive congênitos), deficientes intelectuais, com lesões cerebrais, com múltiplas deficiências, psicóticos, autistas, todos estarão na mesma sala de aula, aprendendo os mesmos conteúdos curriculares. A "antiga" Educação Especial, com suas escolas especializadas e classes especiais, mesmo em escolas comuns, tornou-se a representação perversa de uma prática segregacionista. Idealizada, a escola inclusiva apresenta-se com uma rígida estrutura organizativa para alunos, educadores, gestores e famílias, cuja padronização, transformada em instrumentos reguladores legais, estende-se do setor público à formatação do setor privado.

Observamos que o princípio da *diversidade* é tomado nas suas acepções coletiva e genérica: os alunos são considerados nas suas diferenças, não nas suas singularidades. Há uma espécie de apagamento da permanente e necessária tensão entre o coletivo e o singular, entre o geral e o particular. Em vez da concepção de "diversidade" conjugar-se à de pluralidade, circularidade, transitoriedade e plasticidade no que diz respeito à vida escolar, há um engessamento e o estabelecimento de uma via de mão única. Ponderamos aqui que a existência de escolas voltadas para a diversidade dos alunos, a existência de escolas para uma multiplicidade de alunos, requer vários e diferentes espaços de trabalho escolar. Em decorrência, parece não haver questão sobre os vários sujeitos implicados no cenário da educação escolar, seja do lado do sujeito aluno (criança ou adolescente), seja do lado do educador, sujeito de quem se espera que opere a função de transmissão e de instrução.

Na consideração do espaço escolar como o local privilegiado de inserção social desde o advento da modernidade, a não consideração do sujeito criança ou adolescente na sua singularidade resulta para alguns, conforme temos assistido, no não estabelecimento de um lugar: não se

Contribuições psicanalíticas para repensar a função educativa da escola

articula uma relação de pertencimento com a escola, com a professora, tampouco com o grupo classe; constitui-se um lugar de exterioridade, em que a criança se evade ou consta como matriculada numa escola que quase não frequenta. Como foi referido anteriormente, um meio ambiente que não viabilize possibilidades de intercâmbios, base de todo laço social, para aqueles que ali estão, produz, como consequência, exclusão e sofrimento psíquico.

Pois bem, do lado do educador, o que constatamos quando não se coloca a questão sobre sua subjetividade? No início desta exposição, delineava o lugar do educador, diferenciando-o do lugar dos pais, e destacando que, no exercício do seu desejo enquanto sujeito, fez uma escolha profissional. Ser educador e manter-se nesse ofício, independente das contingências, parece uma escolha para além ou para aquém das demandas de reconhecimento que os educadores fazem. Ocorre que, na atualidade, frente à não indagação acerca do sujeito pelo educador, este é colocado num lugar de quem não faz e não pode fazer escolhas. É apenas suposto e esperado que trabalhe com todos os alunos. Vale lembrar que, anteriormente à "reforma da inclusão", havia a possibilidade de escolher trabalhar com alunos ditos "portadores de necessidades especiais". Nessa nova proposição, no entanto, o educador deverá estar na posição de realizar o trabalho de educação e ensino com todos que, arbitrária ou aleatoriamente, sejam colocados em sua classe. Como se não fosse o bastante esse pequeno deslize no exercício democrático, ainda se demanda do educador que ele lance mão de uma pedagogia para todos, atribuindo-lhe a responsabilidade frente ao sucesso ou ao fracasso do aluno. Com esse modelo e essa estrutura da escola comum, portanto, o educador fica sozinho: as soluções frente às dificuldades e aos impasses no trabalho com determinados alunos não são assunto da escola como um todo.

Diferentemente, tomar o educador como um sujeito que, no exercício do seu ofício, pode fazer escolhas, parece-nos ser a condição de possibilidade para este se implicar subjetivamente e se responsabilizar pelo seu trabalho, produzindo o seu fazer educativo-pedagógico, considerando o seu repertório de experiências e estilo próprio. Essa proposição não supõe que poderá trabalhar com todos. Se o trabalho com determinados alunos for tomado como desafio pelo educador, este, muitas vezes, fica estimulado a inventar novas estratégias de ensino que possam dar conta das diferenças em questão, permitindo-lhe ressignificar a própria escolha e resgatar sua identidade profissional, talvez apagada, recriando o seu trabalho. Temos acompanhado várias experiências nesse sentido: é possível o ingresso, a inclusão de alunos, garotos especiais, não convencionais, em sala de aula comum, resultando em crescimento para todos, desde que não esteja em jogo o apagamento da dimensão da subjetividade no aluno e no educador.

Como última pontuação acerca das proposições que se colocam para o educador "inclusivo", há uma convocatória para que este aprenda e desenvolva uma pedagogia capaz de educar com êxito todas as crianças. Dizendo de outro modo, as práticas educativas e ações que atendam a todos os alunos deverão estar contempladas no projeto político-pedagógico, no currículo, na metodologia, na avaliação e nas estratégias de ensino. Cria-se, então, uma espécie de mito, de crença de que existe "A Pedagogia" para dar conta do trabalho escolar, educativo, com todos e para todos. Trata-se para o educador de, quem sabe, numa de suas infindáveis capacitações, conseguir, finalmente, capturá-la e ser o detentor desse saber pedagógico universal.

Formulamos que o paradigma da Inclusão Escolar é fechado, não há saída: uma educadora, ao confessar que não era a favor da inclusão, assustou-se com seu próprio discurso e acrescentou que não era a favor da exclusão. Assim como em "Brasil, ame-o ou deixe-o", bem conhecemos essa convocatória emblemática dos sombrios anos de ditadura militar. Se você não é a favor da Inclusão Escolar, você é a favor da Exclusão, e isso é crime.

Propomos que a referência à diversidade, tal como foi formulada aqui, possa ser considerada como um outro paradigma, o qual talvez modalize um outro cenário para a escola, considerando os diferentes sujeitos na sua pluralidade e, ao mesmo tempo, singularidade.

Observamos, tal como encontramos na prática psicanalítica, que estar numa posição de ter que responder aos imperativos vigentes leva à formação de sintomas. Isso significa que temos observado, como consequência da não consideração da dimensão da subjetividade dos diferentes atores sociais implicados no cenário da educação escolar, o surgimento e a insistência de alguns sintomas, de um quadro ou "cenário psicopatológico", o qual deverá inserir-se, em breve, no âmbito das questões da saúde coletiva. Observamos que, cada vez mais, as crianças e os adolescentes são encaminhados pelas escolas aos especialistas para serem tratados e medicalizados e, ainda, que os educadores têm apresentado adoecimentos recorrentes, com somatizações e episódios de sofrimentos psíquicos, como depressões e quadros de síndromes de pânico, resultando em licenças médicas com afastamentos infindáveis. Em síntese, temos presenciado as educadoras encaminharem as crianças aos psiquiatras e neurologistas para que as mediquem, ainda que, por sua vez, já tenham sido medicadas com ansiolíticos e antidepressivos. Os pais procuram os médicos como porta-vozes das queixas da escola, geralmente relacionadas à falta de limites, à impulsividade, aos problemas de atenção e de aprendizagem, ao baixo rendimento escolar e à hiperatividade. Assim, as crianças voltam à escola, como dizia um paciente, "ritalinadas" (sob efeito de Ritalina, medicação mais difundida para tratamento da hiperatividade).

Configura-se, desse modo, um cenário no espaço escolar onde os psicofármacos ganham um lugar e uma função. Em vez das angústias dos educadores e da alienação e agitação dos alunos serem tomadas como indicativas de que "algo não vai bem", temos assistido ao silenciamento desses sinais.

Consideramos muito importante o trabalho interdisciplinar e em rede entre Educação e Saúde, terreno onde se articulam cuidados com aqueles que o demandam, seja pela intervenção médica, psicológica ou reabilitadora. Apontamos, no entanto, que o apagamento da dimensão da subjetividade produz uma espécie de recusa da realidade, tal como tem ocorrido no campo da Educação, resultando num tamponamento do mal-estar pela demanda ao saber médico. Se as crianças não estão aprendendo o que é esperado, de maneira uniforme, ou ainda se se mostram arrebatadas por inquietações, isso é interpretado como um problema neurológico.

Numa pontuação final, interrogar e refletir acerca da função educativa da escola na atualidade nos coloca frente ao cenário de desarticulação dos vários espaços de trabalho escolar para os educadores e os diferentes e diversos alunos. A reforma respaldada pelo discurso político--pedagógico da "Inclusão Escolar" inspira-se equivocadamente numa "igualdade de direitos", resultado de uma interpretação do princípio da diversidade em que não há lugar para a dimensão da subjetividade, da singularidade na diferença. Aqueles sujeitos não adaptados poderão ser medicalizados, para permanecer no sistema de ensino, caso contrário, ficarão excluídos. Ponderamos que, para se restabelecer a função educativa da escola por meio de novos acordos entre pais e educadores, é preciso que se restitua a dimensão da subjetividade nos discursos e nas práticas no campo da educação escolar. Trata-se de se colocar a pergunta acerca dos sujeitos, do lado das crianças e do educador, na perspectiva de que inclusão precisa significar pertencimento.

Por fim, proponho resgatar o exercício das funções educativas, responsabilizando-nos, talvez de outra forma, pelos cuidados com as crianças e com os adolescentes, incluindo e expondo nossas dificuldades, nossos impasses e, principalmente, nossos equívocos, na busca de novas e melhores soluções.

Referências

Ariès, P. (1981). *História social da criança e da família.* Rio de Janeiro: LTC – Livros Técnicos e Científicos.

Centro Lydia Coriat. (2001). *Escritos da criança* (Livro 6). Porto Alegre: Autor.

Martins, V. A. C. (2001). Espaço escolar como herdeiro das funções parentais. Estilos da Clínica. *Revista sobre a Infância com Problemas, VI*(11), 27-32.

12

Bullying: compartilhando cuidados

Bruna Vaz de Almeida

Uma "epidemia" de violência parece dominar o ambiente escolar brasileiro, tendo como uma de suas expressões mais comentadas e preocupantes o *bullying*. O aumento da incidência de casos de *bullying* na escola, conforme divulgado na imprensa, demonstra como a violência vem invadindo todos os espaços e tornando-se espetáculo (Souza, 2005). No Recife, não é diferente, pois os desentendimentos intramuros também têm ganhado as ruas e as delegacias. Assim, é inegável o alastramento da violência escolar.

Em 12 de maio de 2010, o jornal *Diário de Pernambuco* noticiou: "Jovem de quinze anos teve o rosto marcado com estilete e compasso pelas colegas de escola dois dias antes de sua festa de debutantes". O mesmo editorial ainda trouxe no conteúdo da matéria o relato de uma das agressoras, que dizia, sem medo de represálias, ter executado um plano perfeito, pois a agressão havia sido friamente calculada contra a menina mais "metida" da escola.

Notícias como esta suscitam inquietações e nos impulsionam a pensar sobre o *bullying* como fenômeno social que passou a ser comum no ambiente escolar.

A temática do *bullying*, que há pouquíssimo tempo domina a mídia e os noticiários, vem sendo estudada há apenas algumas décadas. Silva (2010) e Jorge (2009) apontam os anos 1970 como marco de transformação desses comportamentos em objeto de estudo, a partir de surtos de violência entre jovens suecos e franceses dentro do âmbito escolar.

Na mesma década, outros países da Europa, preocupados com a o aumento de casos de *bullying* entre os jovens, iniciaram investimentos em estudos sobre a temática, os quais chegaram ao Canadá e aos Estados Unidos na década de 1980.

Nos anos 1990, o mundo presenciou aquele que viria a ser, na época, o caso mais emblemático de violência escolar com fim trágico. O fato ocorreu no Colégio Columbine High School, nos Estados Unidos, quando dois estudantes de dezoito e dezessete anos assassinaram doze estudantes e um professor. Deixaram mais de vinte pessoas feridas e suicidaram-se. A motivação do ataque seria vingança pela exclusão escolar que vinham sofrendo há muito tempo.

De acordo com uma pesquisa feita pela Abrapia (Associação Brasileira Multiprofissional de Proteção à Infância e à Adolescência) em 2002, envolvendo 5.377 alunos com a média de idade de treze anos, do sexto ao nono ano de escolas do Rio de Janeiro, 28% dos adolescentes brasileiros já sofreram ameaças, xingamentos e humilhações, e 70% dos participantes da pesquisa já presenciaram agressões nas escolas.

Palavra de origem inglesa, o *bullying* é traduzido como atormentar, intimidar, perseguir, humilhar; caracteriza-se por um conjunto de atitudes violentas de caráter físico ou psicológico intencional, continuado, sem motivo aparente e com nítido desequilíbrio de poder entre as partes envolvidas. As provocações podem ser praticadas por um grupo de alunos contra um ou mais colegas e compreendem comportamentos que busquem humilhar, ridicularizar e ofender por meio de apelidos maldosos, chutes, empurrões, quebra ou roubo de pertences, e até situações mais graves que envolvam maus tratos físicos e/ou sexuais (Silva, 2010).

Outra versão dessa prática comum entre os jovens é o *cyberbullying*, tendo as redes sociais da internet como cenário para as intimidações. Ou seja, o que antes já era imensamente incômodo quando acontecia na escola, fica ainda mais doloroso, pois toma uma dimensão inimaginável e invade outros espaços sociais que o aluno frequenta, levando-o ao aniquilamento social. Em alguns casos, os abusos não param mesmo com a mudança de escola. Em ambas as modalidades de *bullying*, fica explícito o prazer em dominar e ver o outro sofrer.

A experiência clínica mostra-nos que, devido às agressões sofridas, as vítimas passam a demonstrar medo e insegurança, que podem ser expressos pela queda no rendimento escolar, pela alteração no sono e na alimentação, pela irritabilidade, pelo vômito sem causa aparente e pela invenção de dores para faltar ao colégio. Em casos extremos, podem apresentar depressão, medo de ir à escola, bulimia/anorexia ou até mesmo transtornos mais graves.

Apesar da preocupação que essa temática suscita em pais e em profissionais da educação, é necessário que as situações de agressões acontecidas na escola sejam observadas de forma ampliada, pois nem toda situação de caráter violento pode ser considerada *bullying*.

Perguntamo-nos se o *bullying* é um fenômeno contemporâneo ou se sua incidência nas escolas, embora não tivesse essa denominação, é mais antiga. Sabemos que a intolerância com as diferenças tem uma longa história; se nos reportarmos a gerações que frequentaram a escola há décadas, vamos deparar com relações permeadas por apelidos, brincadeiras e rechaços, também vivenciadas com sofrimento. Se respondermos afirmativamente a essa questão, ou seja, se admitirmos que o *bulliyng* não é um fenômeno exclusivo de nossos dias, embora não tenha sido assim denominado, indagamo-nos quais as semelhanças e as diferenças que as formas atuais apresentam em relação às antigas de desdenhar o outro. Algo que salta aos olhos é a virulência dos atos de violência. Os exemplos citados e a nossa experiência cotidiana não deixam dúvidas quanto a isso. Quais seriam, então, as condições que permitiram tal exacerbação? O que diferencia esses dois momentos?

Nas últimas décadas, a sociedade e, consequentemente, a família passaram por inúmeras transformações. Considerando que a educação está atrelada ao momento histórico de uma sociedade, e sendo a instituição escolar uma criação essencialmente social, observa-se uma imbricação entre os processos educativos e o contexto social em que estão inseridos.

Se antes a escola tinha a responsabilidade social de acompanhar o indivíduo até a universidade, auxiliando a família no processo de construção de cidadania, o que se observa hoje é uma escola acuada, indisponível para reflexões ampliadas acerca do seu papel social. Ancorada e reproduzindo um modelo social vigente, a escola cada vez mais tem favorecido a constituição de relações sociais fragilizadas, inconsistentes e superficiais também dentro de seus domínios. Os casos de *bullying* incluem-se nesse contexto e trazem consigo as ranhuras no senso de coletividade e no laço social, sendo o distanciamento, o isolamento e a solidão experiências muito frequentes nos nossos dias (Silva, 2010).

Não seria o momento de a escola refletir sobre sua função social, buscando construir e legitimar novos e velhos dispositivos para lidar com as situações de *bullying* acontecidas nesse meio? O modo como a escola e as famílias se posicionam em relação aos jovens não estimula a agressividade nas escolas e a incidência de casos de *bullying*?

Cabe, então, que se pensem as grandes transformações por que passou a família. O modelo da família nuclear moderna, centrado na hierarquia, na qual o pai detinha o poder e seu papel seria o de prover o sustento familiar, deixando bem clara sua superioridade frente aos filhos e à esposa, estava tradicionalmente ancorado no modelo social patriarcal que se reproduzia nas diversas instituições sociais, inclusive na escola.

A partir de então, com os grandes movimentos sociais da segunda metade do século passado e início do nosso século[1], observou-se uma flexibilização no que diz respeito aos lugares de cada um no seio familiar.

---

[1] Sobre isso, ver o texto "A sabedoria perdida dos pais e as certezas dos especialistas", de Ana Elizabeth Cavalcanti, publicado neste livro.

Nas famílias atuais, os filhos encontraram maior abertura para explicitar suas opiniões e seus posicionamentos diante das novas situações experimentadas. As decisões passaram a ser tomadas conjuntamente, no âmbito de relações mais horizontalizadas e democráticas.

Como acontece sempre que grandes mudanças rompem alguns pilares socialmente constituídos – no que pesem os inegáveis ganhos dessas novas configurações de relações familiares –, algumas dificuldades precisam ser enfrentadas. Os ideais de liberdade e igualdade que dão suporte a relações mais democráticas e criativas, quando tomados como imperativos, produzem efeitos não muito desejados. Nesse lugar de submissão a esses imperativos, alguns pais se sentem confusos e desautorizados e não sustentam o seu lugar de referência, tornando-se desimplicados do processo educativo do filho (Lebrun, 2004).

Nesse sentido, a escola testemunha diferentes arranjos familiares, tendo de lidar, muitas vezes, com uma permissividade excessiva por parte de algumas famílias, o que impele o jovem a buscar uma contenção na escola e a se comportar em sociedade dentro da mesma lógica do modelo doméstico.

Além disso, analisando os movimentos dessas duas instituições – escola e família –, constata-se, na maioria das vezes, uma ausência de parceria para cuidar dos conflitos enfrentados na contemporaneidade e encontrar saídas para eles. Bem ao contrário, no modelo de ensino/aprendizagem atualmente utilizado pela maioria das escolas, o outro (professor e pares) não é mais visto como parceiro na construção do saber, mas como um adversário. Cria-se, com isso, um ambiente hostil, onde é difícil florescer a aprendizagem, não havendo espaço para a troca e o reconhecimento mútuo. Nesse modelo, a competitividade é a marca primordial.

É nesse terreno que vimos nascer um legalismo desenfreado, em que a troca de acusações entre a escola e a família não é rara. Nesse panorama, surge uma educação defensiva, que aparta ainda mais a família da escola, formando-se um grande campo de batalha, onde todos aqueles que fazem parte da comunidade escolar não se sentem autorizados a cuidar dos alunos.

É importante refletir o que pais e escolas evitam quando se comportam dessa maneira. Winnicott (2000) nos lembra a importância de um ambiente que cuida e oferece a estabilidade que proporciona confiança, enfatizando o papel do meio ambiente como contensor e transformador do impulso agressivo. Será que não poderíamos compreender o *bullying* e algumas ações agressivas das crianças ou dos jovens como forma de um pedido de ajuda? Ou, ainda, como esperança de que o outro cuide e exerça o seu papel contensor?

Pensando nisso, considero que, além de apresentar qualidade no ensino, é papel da escola lançar um olhar sobre as relações sociais que acontecem em seu seio, as quais não podem ser negligenciadas, tendo em vista que são elas que norteiam o trabalho. Como lembra Outeiral (2003), os aspectos constitucionais, vínculos familiares e ambiente escolar constituem o tripé do processo educacional.

Durante minha prática como psicóloga escolar – desenvolvida com alunos do ensino médio de uma escola no Recife –, um trabalho de fortalecimento da relação professor-aluno-família foi realizado como forma de fazer surgir, no ambiente escolar, uma rede de cuidados dirigidos aos jovens, sustentada pelo sentimento de compartilha entre a escola e a família. Nessa rede, cada um (professores, coordenadores, diretor pedagógico, pais...) tinha sua função, sendo todos responsáveis pelo jovem. O objetivo central do trabalho era a aprendizagem, o desenvolvimento social dos alunos e a redução de práticas agressivas como o *bullying*.

Para a manutenção dos vínculos entre a equipe e a família, os quais precisam ser permanentes, investiu-se em trabalhos de construção e de acompanhamento do desempenho e do desenvolvimento dos alunos de forma compartilhada.

Essa tarefa não é fácil! Em muitos momentos, como esperado, os profissionais esbarram nas resistências que um trabalho dessa natureza suscita. Diante disso, criamos espaços de articulação entre a equipe de trabalho (coordenação pedagógica e professores) de cada ano. Esses encontros pedagógicos, como eram chamados, possibilitavam a emergência dos conflitos para que fossem analisados. Além disso, também nesses momentos avaliávamos a nossa postura enquanto educadores, principalmente diante das situações de *bullying* acontecidas na escola.

Para ilustrar como aconteceu na prática um tipo de intervenção baseado na compartilha do cuidado, escolhi uma situação de *bullying* ocorrida na escola, envolvendo um aluno e uma aluna. É importante salientar que, apesar de não tratarmos neste trabalho das intervenções dirigidas à aluna que sofreu as agressões, isso não significa que elas tenham sido negligenciadas. Esta escolha se deu em função da ausência de trabalhos que foquem nas dificuldades enfrentadas pelo autor de *bullying*.

Fernando[2] estudava nessa escola desde a sétima série do ensino fundamental (denominado oitavo ano de acordo com a nomenclatura atual). Quando chegou ao primeiro ano do ensino médio, trouxe consigo um grande número de reclamações de professores e da coordenação pedagógica da série anterior. A sua chegada ao primeiro ano angustiava alguns profissionais que ainda não haviam trabalhado com ele, tendo em vista que seu comportamento agressivo era dirigido a qualquer um. Já na primeira semana de aula, Fernando foi encaminhado à coordenação pedagógica por comportamentos inadequados em sala, situações que eram comuns, segundo alguns profissionais que já o conheciam.

---

[2] Os nomes dos adolescentes foram modificados a fim de lhes preservar a identidade.

Além disso, fazia parte do conjunto de peripécias de Fernando e de sua turma agredirem verbalmente, de maneira persistente, uma colega de sua sala. Menina tímida, sem amigos e com ótimas notas, Luciana vinha faltando às aulas, o que preocupara os pais. Nos dias em que aparecia, ficava apenas nas primeiras aulas e depois ligava para a mãe em busca de autorização para sair mais cedo. Era visível a sua fragilidade. Quando questionada por algum profissional da escola, negava que estivesse acontecendo algo e não compartilhava seu incômodo com ninguém.

Enquanto isso, Fernando seguia com suas atitudes agressivas, mesmo sendo estas consideradas inaceitáveis pela escola. Na maioria das vezes, as atuações eram dirigidas às meninas. Chamado à coordenação algumas vezes para esclarecimentos sobre a sua postura, Fernando sempre adotava uma atitude artificial, passando-se por bom moço, como forma de não ser descoberto. Era perceptível que uma situação de *bullying* na escola estava instalada. Diante disso, fazia-se necessário agir rápido para que os efeitos desse fenômeno pudessem ser barrados com a intervenção escolar.

Considerando o modelo de compartilhamento do cuidado em que essa escola se sustenta, convoquei uma auxiliar de coordenação na tentativa de observar o que estava passando-se e conversar com outros alunos, na intenção de me apropriar da situação. Infelizmente nossas dúvidas foram confirmadas. Alguns alunos me procuraram a partir da conversa com a auxiliar sobre os *apelidos utilizados por Fernando quando se referia a Luciana*.

O primeiro passo foi reunir-me com a coordenação pedagógica e a direção da escola. Posteriormente, uma conversa com a família se fez necessária para que pudéssemos entender o que se passava com Fernando.

Filho mais novo, o garoto sempre fora mimado, mas havia aprendido a lidar com as ausências de sua mãe desde a infância. Além disso, esta, que naquela época passava um momento difícil em função da separação do pai do adolescente no ano anterior, transferiu para Fernando o lugar de "homem da casa", deixado por seu pai no momento da separação. Na conversa com ela, era perceptível a inexistência de alguém que fizesse face ao comportamento de Fernando.

As reuniões desse caráter aconteceram também na presença de Fernando, que, se inicialmente mantinha uma postura de não levar em consideração a presença da mãe naquele espaço, sendo muitas vezes irônico e desrespeitoso com ela, a partir de algumas intervenções realizadas por mim, baseadas no que a sua mãe havia relatado anteriormente, foi desarmando e abriu-se a possibilidade de ele poder falar de seu incômodo com a separação dos pais e sobre sua vida e a nova vida da mãe.

Outros encontros aconteceram ao longo do ano, e percebia-se que cada vez mais Fernando procurava a coordenação ou a mim quando não estava bem. Os professores passaram a relatar em nossos encontros pedagógicos melhorias no comportamento dele, em suas notas e em sua participação nas aulas. A partir da compartilha de algumas informações, todos passaram a ficar mais próximos de Fernando e atentos aos seus movimentos.

Alguns encaminhamentos para que Fernando iniciasse um processo psicoterapêutico foram realizados, porém, era explícita a dificuldade da mãe em fazer uma quebra na relação estabelecida com o filho após a sua separação do pai. A mudança de Fernando era visível, mas infelizmente, ao final do ano, a mãe resolveu tirá-lo da escola.

Essa experiência possibilitou-me observar que, por meio do compartilhamento de cuidados entre a equipe de trabalho e a família, podemos ter acesso a informações que, muitas vezes, não são espontaneamente explicitadas e contribuem para que o espaço escolar se torne palco para intimidações e humilhações, mas que, sendo identificadas, permitem que as intervenções possam ser realizadas e o conflito elaborado.

É tornando-se um ambiente favorável para a valorização do outro e promovendo noções de interdependência, solidariedade, tolerância e respeito às diferenças que a escola deixa de ser uma instituição regida meramente pelas leis que regulamentam os casos de *bullying,* para poder sustentar-se como espaço de construção de cidadania e de cuidado com o sujeito em desenvolvimento.

Referências

Cavalcanti, A. E. (2006). Ser brincando: sobre a psicanálise em grupo com crianças In S. P. Rocha (Org.), *Cata-ventos: invenções na clínica psicanalítica institucional.* São Paulo: Escuta.

Jorge, S. D. C. (2009). *O bullying sob o olhar dos educadores: um estudo em escolas da rede privada de Natal/RN.* Dissertação de Mestrado em Psicologia, Universidade Federal do Rio Grande do Norte (UFRN).

Lebrun, J-P. (2004). *Um mundo sem limite: Ensaio para uma clínica psicanalítica do social.* Rio de Janeiro: Companhia de Freud.

Jornal Diário de Pernambuco. (2010, 12 de maio). GPCA começa a ouvir suspeitas de agredir adolescente de 15 anos. *Diário de Pernambuco* (on-line). Recuperado em 24 de outubro de 2011, em http://www.diariodepernambuco.com.br/nota.asp?materia=20100512082639.

Matheus, T. C. (2007). *Adolescência: história e política do conceito na psicanálise.* São Paulo: Casa do Psicólogo.

Outeiral, J. (2003). *O mal estar da escola.* Rio de Janeiro: Revinter.

Silva, A. B. B. (2010). *Bullying: Mentes perigosas nas escolas.* Rio de Janeiro: Objetiva.

Souza, M. L. R. (2005). *Violência.* São Paulo: Casa do Psicólogo.

Winnicott, D. W. (1975). *O brincar e a realidade.* Rio de Janeiro: Imago.

Winnicott, D. W. (2000) A tendência anti-social. In *Da Pediatria à Psicanálise* (p. 406-416) Rio de Janeiro: Imago Ed.

13

A invenção da transexualidade[1]

Letícia Rezende de Araújo

A transexualidade, definida tradicionalmente pelo sentimento de pertencer ao outro sexo, faz parte das diferentes expressões da sexualidade humana e, nesse sentido, não é uma novidade. Ceccareli (2008) considera que não só o sentimento de pertencer ao outro sexo, mas também o desejo de se vestir como tal são encontrados desde a criação dos personagens da mitologia greco-romana – como no mito de Cibele e Átis – até as manifestações dos tempos atuais. Personagens clássicos como "O abade de Choisy", embaixador de Luís XIV (século XVII), que fora criado, na infância, como menina, e outros mais recentes, como Rudolf Richter (Alemanha, 1930), primeiro transexual a submeter-se a uma cirurgia de mulher para homem, ou, ainda, como Thomas Beatie (Estados Unidos, 2008), transexual de mulher para homem, o qual, embora tenha assumido aparência externa masculina, conservou seus órgãos femininos, o que lhe permitiu engravidar, posteriormente, constituem histórias que compartilham a evidência de uma interrogação em relação ao sexo e ao gênero, marca comum às manifestações transexuais mais antigas, como aquelas contemporâneas.

Contudo, enquanto objeto de investigação científica, a transexualidade é uma criação do século XX, e se constata que, do início do século passado aos dias atuais, as concepções sobre ela têm passado por diferentes modificações. Além da definição do próprio termo, foi inaugurada

---

[1] Este artigo é parte integrante da dissertação de mestrado *Transexualidade: dos transtornos às experiências singulares*, orientada pela Profa. Dra. Luciana Leila Fontes Vieira e defendida em fevereiro de 2010 na Universidade Católica de Pernambuco (UNICAP).

uma concepção cultural da sua condição e efetivada a possibilidade da mudança anatomobiológica do sexo, com os avanços tecnológicos das ciências médicas, no campo da cirurgia e da hormonoterapia (Chiland, 2008; Ceccarelli, 2008).

Assim, a transexualidade, como expressão da pluralidade da sexualidade humana, não é um fenômeno específico da nossa cultura, nem do nosso tempo. Como terminologia e diagnóstico médico, pode-se considerá-la um fenômeno datado. De fato, a transexualidade confunde-se com histórias de pessoas comuns, motivadas pelos avanços das pesquisas científicas e das ideias sobre sexualidade e sobre gênero disseminadas a partir do século XX.

Este artigo lança um olhar sobre o percurso da invenção da categoria da transexualidade, destacando três histórias verídicas: a de Christine Jorgensen, na década de 1950, a de David Reimer, na década de 1960, e a de Thomas Beatie, no início do século XXI.

As primeiras experiências cirúrgicas

Na segunda metade do século XIX, após a descoberta dos hormônios sexuais, os cientistas começaram a pesquisar a essência da sexualidade, do sexo e do gênero, por meio das bases hormonais.

Em 1910, as pesquisas do fisiologista austríaco Eugen Steinach marcaram as primeiras experiências de mudança de sexo em animais. Essas pesquisas demonstraram que, ao transplantar ovários de roedoras fêmeas em roedores machos castrados, estes adquiriam características e comportamentos sexuais associados à fêmea, e, ao contrário, castrando-se roedoras fêmeas e transplantando-lhes testículos, elas adquiriam características e comportamentos sexuais associados ao macho. As intenções de Steinach, no entanto, não eram de produzir escalas de machos ou de fêmeas, mas, simplesmente, comprovar que, ao adicionar ou suprimir hormônios em animais, podiam-se obter características de fêmea e de macho, o que indicava a fragilidade e as fronteiras do que se imaginava ser um macho puro ou uma fêmea pura (Meyerowitz, 2002).

Além de impulsionar os experimentos da cirurgia em humanos, as pesquisas de Steinach fizeram parte dos estudos endocrinológicos, que avançaram na primeira metade do século XX. Nas palavras de Meyerowitz (2002):

> No início do século XX os cientistas atribuíram aos cromossomos o fundamento determinante do sexo, porém, retornaram aos hormônios como o fluido detentor do sexo, a fim de conseguir explicar o desenvolvimento sexual e as inúmeras variações e gradações que verificavam nas condições intermediárias. (p. 27)

Ainda em 1910, o endocrinologista alemão, professor de Steinach, Magnus Hirschfeld, inaugurou as publicações sobre o tema da mudança de sexo em humanos, com o livro intitulado *Die Transvestiten*. Ele incluiu na categoria *transvestite* aqueles que apresentavam uma identificação com o gênero oposto, e desejavam vestir-se como tal. A intenção de Hirschfeld não era retirar a transexualidade da categoria das perversões, mas destruir a aparente homogeneidade da categoria de atos contra a natureza. Sua preocupação era separar as formas de homossexualidade e caracterizar o transvestismo como uma prática não homossexual. Mais tarde, em 1923, utilizou a formação *transexualpsíquico* (Castel, 2001), porém, ainda sem atribuir ao termo *transexual* a conotação que este adquiriu mais tarde. Para Hirschfeld, hermafroditas, andrógenos, homossexuais e *transvestites* faziam parte do que denominou intermediários sexuais, ou variações anômalas do masculino e do feminino. No entanto, considerou a teoria da bissexualidade, indicando também homens e mulheres como integrantes da mesma categoria dos intermediários sexuais, chegando a escrever, em seu artigo "A constituição intersexual", que "O humano não é mulher *ou* homem, mas mulher *e* homem" (Hirschfeld citado por Meyerowitz, 2002, p. 26).

As cirurgias experimentais, de modificações sexuais, antes dos anos 1920, foram escassas e concentraram-se principalmente na Europa. Em 1917, o médico neozelandês, Harold Gillies realizou as primeiras cirurgias plásticas em soldados combatentes na Primeira Guerra Mundial, instituindo a cirurgia de faloplastia como alternativa para soldados que tiveram seus órgãos genitais mutilados (Castel, 2001). Quase trinta anos depois (1945), quando já se haviam introduzido as cirurgias de transformação genital, Gilles foi solicitado a realizar uma cirurgia de construção de um pênis. Sua paciente era Laura Dillon que, quando conheceu Gillies, já "vivia como homem", com o nome de Michael, após um tratamento com testosterona. A cirurgia de Laura/Michael Dillon realizada por Gillies foi reconhecida como a primeira cirurgia transexual de mulher para homem.

As cirurgias completas de transformação genital foram iniciadas entre as décadas de 1920 a 1930 e são atribuídas a Hirschfeld e à equipe do Instituto de Ciência Sexual, em Berlin. Uma das mais citadas é a de Rudof Richter, realizada por Felix Abraham, então aluno de Hirschfeld, que se submeteu a intervenções cirúrgicas entre os anos de 1921 e 1930 (Castel, 2001).

Meyerowitz (2002) registra que o auge das cirurgias de mudança de sexo, na Alemanha, e, consequentemente, no Instituto de Hirschfeld, se deu no início dos anos 1930, após a publicação de artigos científicos que descreviam e ilustravam as cirurgias já realizadas. Nesse período, houve um maior interesse por candidatos a esse tipo de cirurgia provenientes de outros países da Europa e também dos Estados Unidos. Houve, ainda, a repercussão internacional do caso Lili Elbe, nascida com o nome masculino de Einar Wegener. Em 1931, tendo superado as cirurgias de castração, remoção do pênis e implantação de ovários,

Lili Elbe, ao se submeter à nova cirurgia para a constituição da vagina, morreu de insuficiência cardíaca.

Em 1933, o Instituto de Ciência Sexual foi obrigado pelos nazistas a encerrar seus trabalhos e experimentos. Hirschfeld, socialista, judeu e homossexual, viu seus livros e arquivos queimados e foi enviado ao exílio na França, onde morreu dois anos depois.

A segunda metade do século XX e o caso George/Christine Jorgensen

Em 1949, logo após a Segunda Guerra Mundial, o psiquiatra inglês David Oliver Cauldwell publica na famosa revista *Sexology* o artigo "Psychopathia Transexualis", e pela primeira vez é feita uma referência à palavra transexual, para identificar o indivíduo que demanda uma mudança de sexo. Outra novidade do artigo de Cauldwell, de acordo com Meyerowitz (2002), é que o autor entende a *psychopathia transexualis* como uma categoria sexual independente da intersexualidade e de outras patologias glandulares. Ele define os indivíduos transexuais como "... produtos, principalmente, de um ambiente infantil desfavorável e de pais e familiares extremamente indulgentes" ou, ainda, como "... indivíduos que são fisicamente de um sexo e aparentam ser psicologicamente de outro sexo. Transexuais incluem heterossexuais, homossexuais, bissexuais e outros" (Cauldwell, 1949, citado por Meyerowitz, 2002, p. 43-44). Cauldwell diferencia transexuais de intersexuais, considerando a intervenção cirúrgica, para os primeiros, como um ajuste meramente psicológico, e, para os últimos, como um ajuste físico. Afirma também, como já o fizera Hirschfeld, que a condição transexual não tem nenhuma ligação com o desejo pelo mesmo sexo. Além disso, Cauldwell entende que a não correspondência do sexo biológico ao gênero psicológico levaria o indivíduo transexual a apresentar uma perda de equilíbrio mental.

Em 1953, Harry Benjamim, endocrinologista e psiquiatra alemão, radicado nos Estados Unidos, porém herdeiro da tradição europeia iniciada por Hirschfeld e Steinach, volta a utilizar o termo *transexual*. Ao contrário de Cauldwell, Benjamin diferencia o fenômeno transexual das perversões e das psicoses, afastando qualquer possibilidade de significar um transtorno psíquico (Ceccarelli, 2008). Esse seu diagnóstico diferencial imprime à transexualidade um estatuto universal (Benjamin, 1953, citado por Ceccarelli, 2008):

> Os verdadeiros transexuais têm o sentimento de pertencer ao outro sexo; eles querem ser e funcionar como o outro sexo, e não somente parecer com o outro sexo. Para eles, os órgãos sexuais primários (testículos) e os secundários (pênis e outros) são deformidades que devem ser modificadas pelo bisturi do cirurgião. (p. 34)

Benjamin recomenda, portanto, a cirurgia de redesignação transexual[2] como a única saída terapêutica para o conflito entre corpo biológico e corpo psíquico. Assim, com o corpo de macho ou de fêmea, correspondente aos gêneros masculino ou feminino, os/as transexuais podem valer-se do que é socialmente apropriado para homens e mulheres. Acredita-se, desse modo, que é a heterossexualidade que rege a norma do que se entende por mulher e homem genuínos. Com efeito, Benjamin (citado por Bento, 2006) cria uma definição para o *transexual autêntico* que, entre outras coisas, deve incluir ". . . a vivência de uma inversão psicossexual total" (p. 45), ". . . um intenso mal-estar de gênero" e ". . . uma urgência pela cirurgia" (p. 152).

A segunda metade do século XX é também a época em que as cirurgias de mudança de sexo começam a ser realizadas nos Estados

---

[2] Na literatura, são encontradas diferentes formas para denominar as cirurgias de transformação genital, entre elas: redesignação sexual, mudança de sexo, transformação sexual e transgenitalização.

Unidos. No início dos anos 1930, organiza-se um movimento, marcado fortemente pela cultura popular, com o suporte da mídia americana, que veiculava as histórias de *Sex Change* (mudança de sexo), primeiramente em jornais e revistas e, mais tarde, no rádio, na TV e em filmes (Meyerowitz, 2002). Portanto, embora nesse período a designação transexual ainda não houvesse sido estabelecida, a comunicação popular favorecia, por meio da mídia dos Estados Unidos, o acesso das pessoas interessadas aos hospitais, institutos e aos profissionais especializados.

O caso mais expressivo dessa época, com grande repercussão na mídia internacional, é sem dúvida o do ex-soldado americano George Jorgensen. Natural da cidade de Nova York, sua história de transformação sexual é publicada na primeira página do *New York Daily News*, em 1952, com a seguinte manchete: "Ex-soldado americano transforma-se em bela mulher loira"[3] (Long, 2008).

Apesar de declarar suas experiências sexuais com parceiros homens, Jorgensen não se identificava como homossexual. De acordo com Meyerowitz (2002), os homens americanos que se denominavam *gays,* na época, viviam histórias de sofrimento e de segredo em relação ao desejo sexual por outros homens; porém, mesmo aqueles que negavam sua homossexualidade, geralmente não desejavam uma mudança de sexo. Jorgensen, ao contrário, desejava viver "como uma mulher", a fim de se relacionar "com homens, como uma mulher, e não como outro homem" (p. 57). Para isso, apenas um caminho lhe parecia viável: o da ciência médica, que poderia oferecer-lhe as cirurgias para sua transformação corporal. A cirurgia de Jorgensen foi realizada sem qualquer custo para ele, o que pode levar a pensar em uma negociação intrínseca entre o seu desejo e a ambição científica, representada pela equipe de seu médico, Dr. Christian Hamburger, que acabou por transformar a demanda de seu paciente num experimento.

---

[3] Tradução própria.

Segundo Meyerowitz (2002), Jorgensen conheceu o Dr. Hamburger em 1950, em viagem à Dinamarca, e este aceitou atender a seu pedido de cirurgia para mudança de sexo. Dr. Hamburger era endocrinologista, e curiosamente sua experiência com esse tipo de cirurgia se limitava a experimentos com animais, de modo que o tratamento de Jorgensen foi pioneiro em humanos, na Escandinávia. A equipe do Dr. Hamburger realizou, basicamente, dois anos de acompanhamento de hormônios ingeridos por Jorgensen e nele injetados, com avaliações sistemáticas do psiquiatra, Dr. Georg Stürup. Os resultados apresentados incluíam a diminuição da testosterona, a atrofia dos testículos, a diminuição da libido sexual e o escurecimento da pigmentação nas áreas genitais e dos mamilos.

Outras técnicas também foram utilizadas na transformação corporal de Jorgensen, como a eletrólise, que fez desaparecer seus pelos faciais. Quanto à cirurgia de transgenitalização, os médicos não lhe recomendaram a construção de uma vagina, mas apenas a remoção de seu pênis. Eles valeram-se do desejo, expresso pelo paciente, de *parecer* uma mulher, definindo seus impulsos sexuais num diagnóstico de transvestismo, em que a aparência do gênero é mais importante do que a obtenção do sexo anatômico correspondente. Diferentemente do que era usual nos anos 1960, Christine Jorgensen (como passa a se chamar) não se refere a si mesmo como uma mulher no corpo de um homem, mas como perdida entre os sexos. Essa afirmação, que expressa uma condição física mais do que psicológica, descarta a possibilidade, afastada por ela, de ser reconhecida como homossexual (Meyerowitz, 2002).

A experiência de Christine Jorgensen, na década de 1950, é o ponto de partida para o início de uma reflexão que proporcionou maior visibilidade histórica às categorias de sexo e de gênero, vistas, anteriormente, de uma forma rígida e determinada.

Na tentativa de definir o sexo, alguns esforços científicos foram realizados para separar as características sexuais primárias (genitais, ovários, testículos) das secundárias (roupas, maneirismos, diferenças físicas e de caráter). Essa separação se deu com a definição do sexo anatômico e do sexo funcional, que orientou o modo de pensar e de agir de mulheres e homens. Até então, práticas e desejos masculinos e femininos eram definidos pelo conceito de sexo e referidos ao processo anatomobiológico, que afirmava a lógica heteronormativa (Butler, 2003, 2004). Em outras palavras, uma mulher era naturalmente considerada do gênero feminino, com o desejo sexual direcionado para homens; um homem era naturalmente considerado do gênero masculino, com o desejo sexual direcionado para mulheres. É uma compreensão que afirma um determinismo biológico para o sexo, a qual, no entanto, começava a mudar.

Estudos antropológicos, principalmente de Kinsey (1948, citado por Meyerowitz, 2002) e Margareth Mead (1949, citada por Meyerowitz, 2002), mostraram que o sexo anatômico não mais produzia explicações correspondentes aos papéis ou aos comportamentos sexuais, como foram definidos antes.

No final do século XX, já se apresentavam três categorias distintas de análise do sexo: o sexo biológico, o gênero e a sexualidade. O sexo biológico refere-se aos cromossomos, genes, genitais, hormônio, e outras marcas físicas, modificáveis ou não; o gênero diz respeito à masculinidade, à feminilidade e aos comportamentos associados; a sexualidade representa a conotação erótica do sexo e as fantasias. Com efeito, gênero e sexualidade não pareciam mais fazer parte das categorias biológicas de fêmea e de macho, e logo se passa a estudar sexo, gênero e sexualidade como categorias construídas, definidas e redefinidas nas performances sociais e culturais dos indivíduos. São concepções que rejeitam a ideia de sexo como biologicamente imutável e universal, que dita os comportamentos e os desejos sexuais de homens e mulheres. Nas palavras de Meyerowitz (2002):

A história de Jorgensen e a história da transexualidade são partes centrais da reconceituação do sexo, no século XX: concepções de que o sexo biológico é mutável, de que é possível defini-lo e redefini-lo, dividi-lo em partes constituintes como cromossomos, hormônios e genitais, modificar algumas de suas partes; noções de que macho e fêmea não são opostos, masculinidade e feminilidade não são consequências automáticas do sexo biológico, e que nem o sexo biológico, nem o gênero determinam os contornos do desejo sexual se constituíram em mudanças significativas no pensamento social e científico americano. (p. 4)

A vida de Christine Jorgensen acirrou os debates acerca do lugar e do poder da biologia, da psicologia e da tecnologia médica para a viabilidade das transformações corporais, que se tornavam mais frequentes. Dezenas de pessoas dirigiam-se aos médicos, a fim de convencê-los a recomendar ou a realizar a cirurgia de mudança de sexo.

Começavam a surgir variantes de gênero, que se desenvolviam em um processo social paralelo, distinguindo-se não só do padrão heterossexual masculino ou feminino, mas também de outras variantes, que se encontravam à margem. Para Meyerowitz (2002), a pluralidade de identidades sexuais desenvolveu subculturas e delineou gradações de gênero tão diversas que dificultavam a linguagem médica da classificação e da categorização.

A década de 1960 foi marcada pelas reivindicações de alguns transexuais desafiando os médicos que queriam tratá-los como doentes. Surgia, assim, uma identidade de gênero que fazia nascer uma nova categoria minoritária. As reivindicações foram ampliadas, com a participação dos movimentos *gay* e feminista, centradas em direitos iguais, cuidados médicos especializados e combate às violências que vinham sofrendo, pelo fato de apresentar expressões de gênero tidas como avessas.

Iniciava-se a luta dos/das transexuais pela legalidade de sua condição, o que provocou debates nas cortes norte-americanas. Alguns juízes, de acordo com Meyerowitz (2002), chegaram a decidir que, para a determinação legal do sexo de uma pessoa, era bastante a correspondência da identificação de gênero com a genitália, não sendo necessário comprovar o sexo anatômico de seu nascimento. Contudo, esse argumento legal para a transexualidade não foi aceito por muito tempo, pois outros juízes e médicos se opuseram fortemente aos seus colegas, alegando que se estava indo longe demais.

O crescimento do poder médico, o desenvolvimento da ciência e os impactos do jornalismo sensacionalista foram responsáveis por mudanças importantes, no século XX, em relação à sexualidade. No entender de Meyerowitz (2002), um novo conceito de *self* parece ter-se desenhado, no período, imprimindo um grande valor à expressão de si, ao desenvolvimento de si e à transformação de si. Enfim, a proliferação das identidades sexuais oferece à sociedade "um novo ângulo de visão, dentro da decadência das normas tradicionais de gênero" (p. 9).

John Money e o conceito de identidade de gênero

O clima da política social liberal dos anos 1960 e a revitalização dos direitos humanos, que insistia na justiça e no direito, formavam o cenário perfeito para o surgimento de clínicas, de programas e de associações que promoviam pesquisas e tratamentos para transexuais. Assim, em 1964, Reed Erickson, que se definia como transexual de mulher para homem, cria a *Erickson Educational Foundation,* em Louisiana, Estados Unidos, com o objetivo exclusivo de financiar pesquisas e programas de educação direcionados à transexualidade. Dois anos depois, em 1966, a mesma fundação possibilitou a abertura da primeira Clínica de Identidade de Gênero, no hospital universitário John Hopkins, em Baltimore, Estados Unidos.

A figura de destaque desse período, no John Hopkins, é John Money, psicólogo, médico e sexologista neozelandês, radicado nos

Estados Unidos. Como esclarece Cardoso (2008), o entendimento de Money era que as categorias de sexo, gênero e orientação sexual constituem a Identidade de Gênero do indivíduo, de forma articulada e interacionista, apesar de se estruturarem sob critérios diferentes. Para ele, o critério da genitália determina se o indivíduo nasce macho, fêmea ou intersexo; o do gênero, em sua medida binária de masculinidade e feminilidade, estrutura as categorias de masculino, feminino ou andrógeno; e, finalmente, o critério da orientação sexual define se o indivíduo é bissexual ou monossexual (heterossexual ou homossexual).

Apesar de Money admitir a gênese da Identidade de Gênero, os resultados de suas pesquisas, no campo da intersexualidade, levaram-no a acreditar na importância do meio ambiente em sua estruturação. Assim, ele passou a utilizar critérios socioculturais, e não mais biológicos, para explicar como se constitui a masculinidade e a feminilidade. Money afirmava que a consciência e a convicção do indivíduo a respeito de sua identidade sexual se fixariam durante um período crítico, no início da infância, e as adesões da criança aos papéis funcionais e culturais, masculinos ou femininos, seriam fundamentais para a definição de sua identidade de menino ou menina (Cardoso, 2005).

Para os casos de intersexualidade, mutilação e hermafroditismo, Money recomendava aos seus pacientes, como parte do tratamento, além das cirurgias reparadoras do sexo, a educação da criança direcionada para o sexo social desejado. Entendendo a transexualidade como hermafroditismo psíquico, Money acreditava que a construção identitária de transexuais se daria por meio da cirurgia de redesignação sexual e da terapia comportamental, a fim de oferecer uma adequação de hábitos e de comportamentos ao sexo redesignado. A crença de Money na existência de uma correlação entre as cirurgias de redesignação sexual e o comportamento sexual é assim resumida por Butler (2004): "Se uma criança submete-se à cirurgia e inicia uma socialização, assumindo um gênero diferente daquele designado em seu nascimento, ela poderá se desenvolver normalmente, adaptar-se perfeitamente ao seu novo gênero e viver feliz" (p. 59).

A identidade sexual, portanto, passa a ser resultado do aprendizado do papel de gênero. O caráter social e as aquisições culturais são valorizados para estabelecer a identidade sexual das pessoas, e o resultado é uma clara distinção entre sexo biológico e o gênero psicossocial. Para Castel (2001), essa é uma visão que tira da transexualidade o atributo patológico, visto que as condutas transexuais não podem ser consideradas anômalas ou antissociais (patológicas), pois essas pessoas têm consciência de seu papel. Em contrapartida, ainda segundo o autor, essa visão pode apontar uma perspectiva reducionista do sexo, restringindo seu entendimento ao âmbito do social, apoiado pelo fato de a cirurgia possibilitar alívio do sofrimento e oferecer condições de melhor adaptação e interação social aos transexuais.

O destino de David Reimer

Uma das mais chocantes histórias da medicina norte-americana, em que os aspectos culturais são valorizados ao extremo, em detrimento do biológico, foi narrada com detalhes, no ano 2000, pelo jornalista americano John Colapinto, com o título: "Assim como a natureza o fez: o menino que foi criado como menina", tornando pública a história de David Reimer.

Em 1967, um ano após a inauguração da Clínica de Identidade de Gênero, no Hospital John Hopkins, a chegada do menino canadense Bruce Reimer, para tratamento, mobilizou o Dr. Money e sua equipe. Janet e Ron Reimer contaram a Money que, aos oito meses de vida, seu filho Bruce havia tido o pênis completamente destruído, no curso de uma cirurgia para tratamento de fimose, em virtude da utilização inadequada de um determinado instrumento cirúrgico. Bruce ainda não tinha dois anos quando conheceu Dr. Money e era gêmeo de outro menino, Brian.

A proposta de Money para os pais de Bruce foi a seguinte: a criança passaria por uma intervenção cirúrgica preparatória, para a construção futura de uma vagina e, após a cirurgia, os pais não só lhe dariam um nome feminino, como deveriam passar a tratar e criar seu filho, socialmente, como menina. Os pais ainda se comprometeriam a levar seus filhos gêmeos para consultas anuais, na clínica, e jamais deveriam revelar-lhes a verdade sobre a identidade sexual de Bruce, pois poderiam pôr em risco a eficácia do tratamento (A TLC Special, 2009).

O casal Reimer depositou no Dr. Money a esperança para a resolução do "problema" de seu filho; entretanto, para o médico e cientista, aquela situação significava a oportunidade perfeita de testar sua teoria, pois teria como sujeitos da experiência duas crianças nascidas gêmeas, da mesma família e do sexo masculino. Um deles passaria a ser criado como menina, e o outro representaria o elemento controle da pesquisa, porque continuaria a ser criado como menino. Cinco anos depois, em 1972, quando Brenda (o novo nome de Bruce) tinha cerca de sete anos, o Dr. Money, entusiasmado com o progresso de sua paciente, que assumia uma identidade de gênero feminina, anunciou ao mundo o sucesso de sua pesquisa, na publicação intitulada: "Homem e mulher, menino e menina: A Identidade de Gênero da concepção à maturidade".

Constatou-se, em seguida, que as expectativas de Money foram frustradas, pois Brenda, aos oito anos, começou a mudar seu comportamento, passando a se interessar por brincadeiras consideradas tradicionalmente de menino; mais tarde, chegou a recusar a ingestão de estrógeno, evidenciando sua consciência de que não era uma menina, e, sim, um menino. As consultas de Brenda com o Dr. Money eram extremamente invasivas e consistiam em longos interrogatórios, com foco nas diferenças corporais e de comportamento entre meninos e

A invenção da transexualidade

meninas; o médico apresentava-lhe figuras do órgão sexual feminino e de mulheres em trabalho de parto, com a intenção de fazê-la entender que um dia ela poderia ter um filho; nas consultas, chegou a convidar transexuais, de homem para mulher, para que estes falassem a Brenda sobre as vantagens de ser mulher (A TLC Special, 2009).

Butler (2004) narra que, à medida que Brenda crescia, torna-vam-se mais difíceis as investidas de Money para convencê-la de sua feminilidade. Até que, na última consulta realizada, Money tentou persuadir Brenda a submeter-se à cirurgia de vaginoplastia. A proposta, recusada veementemente pela criança, afastou-a definitivamente do tratamento.

Depois de reagir aos métodos de Money, Brenda ameaçou matar--se, se tivesse que retornar às consultas. Janet e Ron Reimer decidiram, então, revelar aos dois filhos o segredo da identidade de Brenda, guar-dado por anos. A partir de então, Brenda optou por viver como menino, escolhendo para si um nome masculino: David.

O caso foi revisto pela equipe do psicólogo Milton Diamond, que ofereceu a Brenda/David a possibilidade de redefinição sexual, logo aceito. Assim, já na sua adolescência, entre catorze e dezesseis anos, David reiniciou um tratamento com hormônios, dessa vez, masculi-nos, e submeteu-se a cirurgias para a retirada das mamas e para voltar a ter testículos e pênis (com muitas limitações funcionais) refeitos, artifi-cialmente, pela equipe do Dr. Diamond (Butler, 2004).

Segundo Cardoso (2008), Diamond concordava com Money quanto à influência fundamental da organização cultural, na espécie humana, comparada à outros animais. Afirmava, no entanto, que as questões da identidade de gênero não podiam estar totalmente desvin-culadas das influências biológicas, presentes desde a concepção.

O jornalista Colapinto (2000) comenta que a primeira intenção de John Money, em sua teoria sexológica, era quebrar com os estereótipos de gênero, de modo que a sexualidade humana pudesse expressar-se de várias maneiras. Suas experiências clínicas, no entanto, levaram-no a sustentar a ideia da designação e redesignação sexual, como solução para os casos de intersexualidade e, posteriormente, de transexualidade, o que produziu um paradoxo.

Colapinto ainda narra que, em maio de 2004, quando recebeu a notícia de que David havia cometido suicídio, perguntou-se imediatamente por que a imprensa teria especulado e evidenciado, como razões para esse ato, perdas financeiras, problemas no casamento, a morte de seu irmão gêmeo, dois anos antes, e não as circunstâncias adversas de sua criação, acrescentando não se ter surpreendido com a morte de David:

> Qualquer um, com alguma familiaridade com a vida de David . . . teria entendido que o real mistério era como ele tinha conseguido permanecer vivo por 38 anos, dados os conflitos físicos e mentais que sofreu em sua infância, e que o acompanharam por toda sua vida. (p. 1)

Até a sua morte, em julho de 2006, o Dr. Money jamais reconheceu qualquer equívoco seu ou de sua equipe nos procedimentos do tratamento de David Reimer, e continuou publicando artigos científicos, alegando o sucesso de seus experimentos, mesmo quando suas hipóteses em relação a David já haviam fracassado.

Judith Butler e a Teoria Queer: outro olhar sobre David Reimer

De acordo com Arán (2003), uma das maiores revoluções do século XX foi provocada pelo movimento feminista, que empreendeu grandes transformações no campo da política e da cultura, produzindo mudanças profundas no cotidiano da vida das mulheres, em suas relações amorosas e de trabalho. Com o surgimento do movimento feminista, surgiram também as primeiras críticas ao projeto de um modelo hegemônico masculino, quando a condição feminina, na sociedade, até então mantida como inferior e pertencente ao espaço privado, começou a ser relativizada. Desde então, abriram-se maiores espaços para se refletir sobre as diferenças de gênero e promover novas formas de sociabilidade.

Dentre os principais fenômenos que constituíram essa mudança, segundo Arán (2003), estão o início de uma política de visibilidade da homossexualidade, a crise da organização monogâmica e da heterossexual da fam'ia nuclear burguesa, a inserção da mulher no mercado de trabalho e) fim da relação direta entre sexualidade e reprodução: "Todos estes f(nômenos provocaram uma crise nas referências simbólicas, organizadoras da sociedade moderna, principalmente a partir do deslocamento das fronteiras homem-público e mulher-privado, configurando um novo território para pensar as sexualidades" (p. 401).

Barbero (2005) entende que um dos resultados do movimento de resistência à preeminência da heterossexualidade foi a produção dos chamados estudos *gays* e lésbicos (*Gay & Lesbian Studies),* em diversos espaços acadêmicos dos Estados Unidos, nos anos 1970. Esses estudos se transformaram no início da luta para a garantia dos direitos e das políticas sociais para homossexuais. No entanto, não foi evitado o surgimento das noções de *identidade gay* e *identidade lésbica*, reeditando, de consequência, uma construção normativa para as identidades sexuais.

Na década seguinte (anos 1980), o movimento *queer* ou a teoria *queer* propõe-se recuperar o "fracasso" do movimento *gay* e lésbico, com o objetivo maior de ir de encontro a qualquer rigidez da noção de identidade. Conforme afirma Barbero (2005), "O movimento *queer*, como seu nome indica (*queer* significa torto, estranho) propõe-se sempre contra. É um movimento de resistência às normas e determinações sociais, que pretendem disciplinar o erotismo com regras rígidas e preestabelecidas" (p. 44).

Os escritos *queer*, desenvolvidos nas diferentes disciplinas acadêmicas de história, antropologia e psicologia, questionavam radicalmente a tradição que afirmava a heterossexualidade como expressão correta e original da sexualidade. Além disso, esses trabalhos colocavam em dúvida os gêneros como criações da cultura, e a existência de categorias e identidades sexuais fixas, pondo em xeque muitas verdades, até então vigentes, acerca da sexualidade humana (Barbero, 2005).

A filósofa americana Judith Butler é uma importante representante dos estudiosos das questões de gênero, na contemporaneidade. Em suas contribuições teóricas, ela sustenta o argumento de partida da teoria *queer*, afirmando que gênero e sexualidade são coisas distintas. Em outras palavras, Butler (2004) sustenta que assumir um determinado gênero não significa assumir determinada prática sexual, ou, inversamente, determinada prática sexual não predetermina qualquer categoria de gênero.

Uma segunda questão cara à teoria *queer* e compartilhada pela autora é o fato de que o gênero não está condenado a assumir a hierarquia da heterossexualidade como única e definitiva, mas pode adquirir outras formas, no contexto das sexualidades *queer*. Nessa perspectiva, segundo Butler (2004) admite, "o gênero é internamente instável, que vidas transgêneros são uma ruptura em qualquer linearidade de determinismo causal, entre sexualidade e gênero" (p. 54).

Uma das teses sustentadas por Butler (2004) é que o gênero é uma norma. A norma seria uma "forma de poder social que produz o campo da inteligibilidade dos sujeitos, e um aparato pelo qual o gênero binário é instituído" (p. 48). As pessoas seriam reguladas pelo gênero e dotadas de uma inteligibilidade cultural, de caráter universal e normativo, que contém pressupostos de verdades. Assim, qualquer desvio em relação à norma constituiria uma anormalidade ou aberração.

Um exemplo privilegiado dessa temática é a condição dos intersexos, pessoas que nascem com alguma irregularidade sexual e que são automática e naturalmente submetidas a cirurgias corretivas, em nome de uma regulação normativa dos gêneros. Essas pessoas, segundo Butler, se tornam presas fáceis para a medicina, a psiquiatria e a biologia, enquanto poderes regulatórios que se esforçam para manter o *status* e a autoridade da norma binária de gênero.

Butler (2004) oferece uma visão diferente de aproximação da problemática de David Reimer. Em 2004, ano da morte de David, ela dedica um capítulo de seu livro *Undoing Gender* às questões específicas da intersexualidade e da transexualidade, e escolhe o caso de David como exemplar para seus argumentos. Não está interessada em confirmar ou negar a teoria da construção social, defendida por Money, ou, ainda, o essencialismo de gênero, empreendido por Diamond. Tanto Money quanto Diamond inscreveram suas ações e prescrições a Brenda/David, de acordo com as normas que posicionavam e regulavam os gêneros, restritos aos polos binários, masculino e feminino. Diferentemente, para Butler, o que está em jogo, na história de David, é o padrão de inteligibilidade a que ele foi submetido, no qual a qualidade daquilo que é humano é, ao mesmo tempo, questionada e afirmada.

Butler (2004) afirma que, na história de David, a ideia de transexualidade aparece com objetivos diferentes. Em algumas consultas, ao longo do seu tratamento, Money proporcionou o contato de David com transexuais, pois acreditava que poderiam instruí-lo sobre o comportamento normal e próprio do gênero feminino. Com essa técnica, ele apostava que a criança pudesse aprender o que é ser mulher. Diamond, por sua vez, entendia que o fato de David ter nascido homem era suficiente para justificar uma reedição ou reassunção de seu destino genético. Para fazer justiça à natureza, Diamond e sua equipe prescreveram para David os procedimentos da cirurgia de mudança de sexo, como se fazia para os casos de transexualidade. Assim, Diamond e Money, em nome da natureza ou da normalidade dos gêneros, insistiram, igualmente, em buscar a "autenticidade" do masculino e do feminino.

A crítica de Butler, ao considerar as questões trazidas pela particularidade da história de David, atesta e denuncia que um lugar legítimo para ele, no mundo, só lhe seria possível dentro dos padrões normativos de sexo e gênero. Esses padrões poderiam, em última instância, garantir seu *status* de humano. No *postscript* de seu texto, Butler (2004) escreve:

> Não se tem clareza se o problema foi o seu gênero ou o tratamento que lhe causou um incessante sofrimento. As normas que regem o que deve ser uma vida humana, que valha a pena, que seja reconhecida e que mereça ser vivida, não conseguiram oferecer à sua vida nenhuma forma de continuidade ou solidez. A vida para ele foi sempre uma aposta e um risco, uma corajosa e frágil conquista. (p. 74)

O homem grávido: tecnogênero no século XXI

É a John Money que se deve a invenção do termo *gênero*. Estudos de Preciado (2008) afirmam que o pioneirismo do seu trabalho, com intersexuais e transexuais, foi desenvolver uma plasticidade tecnológica para os gêneros. "Money utiliza a noção de gênero para nomear o sexo psicológico, e pensa na possibilidade de utilizar a tecnologia para modificar o corpo segundo um ideal regulador preexistente, que prescreve como deve ser um corpo humano feminino e masculino" (p. 82).

É verdade que a noção de um corpo masculino ou feminino predefinido, como foi visto, indica uma sexualidade heteronormativa. O que Preciado enfatiza é que, a partir do trabalho de Money, houve uma mudança radical na concepção do sistema sexo/gênero. Se o sexo era visto como natural e definitivo, com a contribuição de Money o gênero utiliza-se do sintético, do maleável e do variável, para ser produzido e reproduzido tecnicamente. A mesma substância hormonal, o estrógeno, por exemplo, é utilizada, a partir dos anos 1960, tanto no controle da fertilidade de biomulheres, quanto no tratamento hormonal de pacientes transexuais de homem para mulher (Preciado, 2008).

A chegada do gênero biotecnológico atinge a todos: biomulheres e bio-homens ou transmulheres e transhomens. A diferença ocorre, segundo a autora, no campo da resistência à norma, do reconhecimento social e da consciência dos processos técnicos da produção da masculinidade e da feminilidade.

Sem se propor aprofundar aqui as questões de Preciado sobre a biotecnologia, intenta-se alertar o quanto as modificações na concepção de gênero, também na contemporaneidade, podem gerar importantes consequências para a compreensão da transexualidade.

A história recente de Thomas Beatie, que ficou conhecida, na mídia, como a história do homem grávido, pode ser ilustrativa de uma forma de subjetivação que passa por uma economia biotecnológica.

Em abril de 2008, a redação de uma das mais importantes revistas americanas LGBT, a *Advocate*, recebeu uma carta assinada por Thomas Beatie, na qual anunciava estar grávido de uma menina, programada para nascer em junho do mesmo ano.

Thomas, natural do Hawaii, Estados Unidos, ao anunciar a sua gravidez, define-se como transgênero. Escreve que, no final dos anos 1990, realizou sua redesignação sexual de mulher para homem, que incluiu mastectomia bilateral e tratamento com testosterona. No entanto, não realizou a faloplastia (plástica de construção artificial do pênis) nem cirurgias para a retirada do útero e dos ovários. Essa sua decisão, diz ele, se deveu ao fato de a esterilização não se configurar condição legal para a redesignação sexual, e, principalmente, por contrariar o seu desejo de ter um filho. Segundo Beatie, "Querer ter um filho biológico não é um desejo nem feminino nem masculino, mas um desejo humano" (2008, p. 1).

Pela lei vigente americana, Thomas, antes Tracy Lagondio, conseguiu mudar sua identidade civil e, em seguida, casar-se legalmente com Nancy. Ela tinha duas filhas de seu primeiro casamento e, devido a uma grave endometriose, havia-se submetido a uma histerectomia, anos antes. Sem poder ter mais filhos, Nancy e Thomas decidiram que ele teria os filhos do casal. A fim de preparar seu corpo para engravidar, Thomas interrompeu o tratamento regular de injeções de testosterona e, após quatro meses, seu organismo retomou o ciclo menstrual que havia cessado oito anos antes (Beatie, 2008).

Além das dificuldades pessoais enfrentadas por ele, Thomas descreve o desafio que o casal enfrentou para lidar com a discriminação da família, dos amigos e dos vários médicos que recusaram acompanhá-lo na sua decisão. Após uma primeira tentativa de inseminação artificial frustrada, Thomas finalmente conseguiu engravidar. No final da carta, ele escreve que:

> Para Nancy eu sou o seu marido que gera nossa criança . . . Eu serei o pai da minha filha e Nancy será sua mãe. Nós seremos uma família . . . Por fim, nossa situação fará com que todos aceitem as várias possibilidades humanas e definam para si o que é normal. (2008, p. 1)

A escolha de Thomas, no seu processo de redesignação sexual, excluiu o que o definiria como transexual autêntico, isto é, realizar a cirurgia de mudança de sexo. Da mesma forma, ele recusou a histerectomia que, na visão heteronormativa, o faria "deixar de ser mulher", impossibilitando-o de engravidar, definitivamente. Além disso, após sua decisão de engravidar, precisou retomar a administração de testosterona a fim de manter suas características ditas masculinas.

Assim, o século XXI entra definitivamente na era do tecnogênero (Preciado, 2008). De fato, no jogo da regulação da feminilidade e da

A invenção da transexualidade

masculinidade, do domínio do próprio corpo – seja ele biocorpo ou transcorpo – e das diferentes expressões das subjetividades, entra em cena a biotecnologia, que pode oferecer inúmeras possibilidades para o gênero, como descreve Beatriz Preciado (2008), com a força poética de suas expressões verbais e contemporâneas:

O gênero do século XXI funciona como um dispositivo abstrato de subjetivação técnica: se pega, se corta, se movimenta, se cita, se imita, se traga, se injeta, se enxerta, se digitaliza, se copia, se desenha, se compra, se vende, se modifica, se hipoteca, se transfere, se download, se aplica, se transcreve, se falsifica, se executa, se contrai, se subtrai, se nega, se renega, se traciona, se modifica. (p. 88)

Considerações finais

Uma intensa identificação com o gênero oposto, o desejo de pertencer ao outro sexo e uma forte inclinação para se livrar das características, primárias e secundárias, do seu sexo de origem são algumas formulações atualmente utilizadas para se referir à especificidade da transexualidade. Para efeito de regulamentação dessa categoria, a Associação de Psiquiatria Americana (APA) é considerada um órgão internacional de referência que, ao descrever um caráter patológico para a transexualidade, sacramenta e oficializa o que acredita ser o autêntico transexual. No Brasil, segundo o Conselho Federal de Medicina, de 1997, as leis que autorizam a realização da cirurgia de transgenitalização são condicionadas aos critérios diagnósticos psiquiátricos da APA, ou seja, a pessoa que deseja realizar esse tipo de cirurgia deve, antes de qualquer coisa, aderir ao diagnóstico de Transtorno de Identidade de Gênero.

Contudo, a história da invenção da categoria de transexualidade faz emergir uma questão sobre a existência de uma identidade trans*exual.*

No entanto, da necessidade cirúrgica dos mutilados de guerra ao desejo pessoal de Christine Jorgensen, da imposição médica, no caso de David Reimer, à corajosa autonomia de Thomas Beatie, suas histórias singulares evidenciam, claramente, as múltiplas formas de construção de gênero que, com o apoio da tecnologia, demonstram a impossibilidade de se credenciar uma transexualidade autêntica ou patológica. Pelo contrário, o que se observa é a diversidade de seus modos de subjetivação, vivenciados por inúmeras pessoas, em diferentes culturas e épocas.

Sendo assim, a cirurgia da transgenitalização deixa de ser, como pensava Benjamin, nos anos 1950, a única referência terapêutica para a transexualidade, e passa a compor um dos vários arranjos possíveis na construção de sexo e gênero.

Observa-se, ainda, que se a forma de Christine Jorgensen exercer a sua sexualidade foi denominada e categorizada como "transexual", mas outras pessoas, antes e depois dela, subverteram e subvertem os padrões descritos para a transexualidade, a fim de viver suas "vidas transgênero", nas mais diferentes formas.

Talvez a humanidade se tenha surpreendido – e ainda hoje se interrogue – com até onde irá o processo de transformação de gênero, que tem interagido com os avanços tecnocientíficos e com a multiplicidade de formas de subjetivação. O fato é que, antes de ser admitida a possibilidade tecnocientífica de um bio-homem engravidar, uma biomulher, como Thomas Beatie, consegue se autoaplicar testosterona para modificar o seu corpo e adquirir uma aparência masculina, mesmo conservando seus órgãos genitais femininos, o que, mais tarde, lhe permitiu tornar-se um homem grávido.

Beatie, como tantos outros denominados *transgêneros,* não só questiona o que é ser homem, mulher, transexual ou intersexual, mas relativiza qualquer forma de identidade fixa de gênero. Suas escolhas chegam a levar ao extremo as intuições teóricas de John Money sobre

a plasticidade do gênero, e corroboram os estudos *queer*, que pressupõem a separação radical de gênero e sexualidade, colocando em xeque
expressões da linguagem binária, tais como masculino/feminino e sexo
oposto, tão presentes nos manuais diagnósticos psiquiátricos.

Essas mudanças nas concepções de sexo, gênero e sexualidade,
iniciadas no século XX, estão diretamente ligadas a histórias de vida
como as de Christine Jorgensen, David Reimer e Thomas Beatie, que,
para dar sentido às suas existências, desenvolveram identidades de
gênero singulares em acordo ou em desacordo com as formas linguís-
ticas, culturais e tecnológicas presentes em seus respectivos contextos
históricos.

Referências

A TLC SPECIAL. (2009, 27 de agosto). *The Story of David Reimer: born a boy, brought up as a girl* [video]. The Learning Channel (TLC). Recuperado em 05 de setembro de 2009, de http://www.youtube.com/watch?v=3GhbVFjIaN0

Arán, M. (2003). Os destinos da diferença sexual na cultura contemporânea. *Estudos Feministas, 11*(2): 399-422.

Barbero, G. H. (2005). *Homossexualidade e perversão na psicanálise: uma resposta aos Gay e Lesbian Studies.* São Paulo: Casa do Psicólogo.

Beatie, T. (2008). Labor of Love: is society ready for this pregnant husband? *Advocate* [on-line]. Recuperado em 25 de setembro de 2009, de http://www.advocate.com/Society/Commentary/Labor_of_Love/

Bento, B. (2006). *A reinvenção do corpo. Sexualidade e gênero na experiência transexual.* Rio de Janeiro: Garamond.

Butler, J. (2003). *Problemas de gênero: feminismo e subversão da identidade.* Rio de Janeiro: Civilização Brasileira.

Butler, J. (2004). *Undoing gender.* New York and London: Routledge.

Cardoso, F. L. (2008). O conceito de orientação sexual na encruzilhada entre sexo, gênero e motricidade. *Revista Interamericana de Psicologia, 42*, 69-79.

Cardoso, F. L. (2005). Inversões do papel de gênero: "drag queens", travestismo e transexualismo. *Psicologia: Reflexão e Crítica, 18*, 421-430.

Castel, P. (2001). Algumas reflexões para estabelecer a cronologia do "fenômeno transexual" (1910-1995). *Revista Brasileira de História, 21*, 77-111.

Ceccarelli, P. R. (2008). *Trasexualismo.* São Paulo: Casa do Psicólogo.

Chiland, C. (2008). *O transexualismo*. São Paulo: Edições Loyola.

Colapinto, J. (2004). *What were the real reasons behind David Reimer's suicide?* Recuperado em 26 de setembro de 2009, de http://www.slate.com//id/2101678/

Colapinto, J. (Áudio). (2000). *Entrevista em Gender Talk*. Recuperado em 08 de outubro de 2009, de http://www.gendertalk.com/radio/programs/200/gt247.shtml

Long, T. (2008, Janeiro 12). Dec. 1, Ex-GI Becomes Blond Beauty. *Wired Magazine. Science: Discoveries* [on-line]. Recuperado em 10 de outubro de 2009, de http://www.wired.com/science/discoveries/news/2008/11/dayintech_1201

Meyerowitz, J. (2002). *How sex changed. A history of transsexuality in the United States*. Cambridge, Massachussetts, London, England: Harvard University Press.

Preciado, B. (2008). *Testo Yonqui*. Madrid: Espasa.

14

Na companhia de meninos e lobos[1]

Antonio Ricardo da Silva

O tema da pedofilia tem sido objeto de muitas discussões nos mais diversos planos, desde a mídia (que, exceto em raros casos, trata-o como espetáculo) aos saberes jurídicos, psicológicos, sociológicos e literários, chegando até as práticas psicoterapêuticas, educacionais e da justiça. A partir do texto "Confusão de línguas entre os adultos e a criança", de Sandor Ferenczi, destacaremos suas principais ideias no que diz respeito às possíveis consequências da experiência de sedução/violação na infância (o que inclui necessariamente e sobremaneira o "desmentido" do relato da criança por parte do adulto). Em seguida, ilustraremos essa tese com duas cenas de filmes. Além de mapear a noção de sedução na passagem da primeira para a segunda teoria sobre a etiologia da neurose em Freud, destacaremos a retomada do tema da sedução por Jean Laplanche, no âmbito da sua teoria da sedução generalizada, para, ao final, propor, a partir da noção de "dúvida", um outro lugar como destino para as experiências efetivas de sedução perversa ou de sua fantasmatização na infância, tanto para a criança como para os adultos envolvidos.

---

[1] As ideias aqui desenvolvidas foram despertadas nas discussões no grupo de estudos sobre Ferenczi, realizado no Círculo Psicanalítico de Pernambuco (CPP). Gostaria de agradecer especialmente a Suzana Boxwell, que levantou a questão da dúvida nos impasses "das confusões de línguas", e também a Bernardo Trespalacios, que fez uma leitura crítica.

Sobre a noção de sedução em Freud

Na famosa carta de 21 de setembro de 1897 endereçada ao seu amigo Fliess, interlocutor privilegiado nesse período, Freud afirma de forma categórica: "Não acredito mais na minha neurótica" (Masson, 1986, p. 265).

Aqui Freud se refere a uma sofisticada formulação que vinha desenvolvendo sobre a etiologia das neuroses histéricas e obsessivas. A histeria seria resultante de uma sedução perversa, operada por um adulto perverso, na qual a criança teria uma posição passiva, enquanto que na neurose obsessiva haveria uma agressão praticada com prazer. Mas, mesmo aqui, identificará naqueles que produzem a obsessividade um substrato histérico, o que denotaria uma primeira sedução passiva. Freud, no entanto, terminará por considerá-la insustentável. Entre os vários motivos de sua descrença, um salta aos olhos: a figura do pai, referindo-se, inclusive, a de Jacob Freud, seu próprio pai, como o agente da sedução perversa, o qual jogava, por ocasião da puberdade, seus pacientes na miséria neurótica, quando uma cena atual remontaria à primeira, experienciada na infância. Freud dirá então que,

> . . . depois, a surpresa de que, na totalidade dos casos, o pai, sem excluir o meu, tinha que ser acusado de pervertido – a percepção da inesperada frequência da histeria, com predomínio precisamente das mesmas condições em cada caso, muito embora, certamente, essas perversões tão generalizadas contra as crianças não sejam muito prováveis. A [incidência] da perversão teria que ser incomensuravelmente mais frequente do que a histeria [dela resultante], porque, afinal, a doença só ocorre quando há um acúmulo de acontecimentos e um fator contributivo que enfraqueça a defesa. (Masson, 1986, p. 265)

Na sequência desse forte argumento, Freud vai destacar a impossibilidade de um conhecimento seguro de que não há indicações de realidade no inconsciente, de modo que não se pode distinguir entre a verdade e a ficção que foram catexizadas pelo afeto. "Por conseguinte, restaria a solução de que a fantasia sexual se prende invariavelmente ao tema dos pais" (Masson, 1986, p. 266).

Realidade experimentada ou ficção criada/fantasiada? Certamente que o acento a partir daqui recairá sobre a dimensão da fantasia, e é justamente sobre ela que a psicanálise que estava nascendo irá edificar-se.

Freud está imerso em sua autoanálise de forma sistemática desde julho de1897, aponta Anzieu (1989), e sua correspondência com Fliess encontra-se repleta de queixas sobre seu próprio estado físico e mental, como aparecem em duas cartas. Assim, em 7 de julho:

> Ainda não sei o que está acontecendo comigo. Algo proveniente das mais recônditas profundezas abissais de minha própria neurose insurgiu contra qualquer progresso na compreensão das neuroses e, de algum modo, você foi envolvido nisso. Isso porque minha paralisia redacional me parece destinada a inibir nossa comunicação. (Masson, 1986, p. 256)

Já em outra carta, de 14 de agosto, comunica que "O principal paciente a me preocupar sou eu mesmo. Minha histeriazinha, apesar de muito acentuada por meu trabalho, solucionou-se um pouco mais. O resto ainda está paralisado" (p. 262).

No entanto, o tom não é tão drástico como pareceria para um homem que aguardava que essa teoria o recolocasse na vida, conforme afirmava:

> A expectativa da fama eterna era belíssima, assim com a da riqueza certa, independência completa, viagens e elevar as crianças acima das

graves preocupações que me roubaram a juventude. Tudo dependia de a histeria funcionar bem ou não. Agora, posso voltar a ficar sossegado e modesto e continuar a me preocupar e a economizar. Ocorreu-me uma historinha de minha coleção: "Rebeca, tira o vestido; você não é mais noiva nenhuma". Apesar de tudo, estou com ótimo estado de ânimo e satisfeito por você sentir necessidade de rever-me semelhante à minha de encontrá-lo. (p. 367)

O abandono da "neurótica" – teoria da sedução restrita (precoce) – abre o cenário para a construção de noções psicanalíticas fundamentais, como a da fantasia inconsciente, que desembocará na descoberta do complexo de Édipo e na noção do *a posteriori*, ou de posteridade retroativa, como aponta Rodrigué (1995).

A figuração desta descoberta, realizada em meio a sua sistemática autoanálise, será comunicada na longa carta de 15 de outubro de 1897:

Ser totalmente franco consigo mesmo é um bom exercício. Uma única ideia de valor geral despontou em mim. Descobri, também em meu próprio caso, [o fenômeno de] me apaixonar por mamãe e ter ciúme de papai, e agora o considero um acontecimento universal do início da infância, mesmo que não [ocorra] tão cedo quanto nas crianças que se tornam histéricas. Se assim for, podemos entender o poder de atração de Oedipus Rex . . . a lenda grega capta uma compulsão que todos reconhecem, pois cada um pressente sua existência em si mesmo. Cada pessoa da plateia foi, um dia, um Édipo em potencial na fantasia, e cada uma recua, horrorizada, diante da realização de sonho ali transplantada para a realidade, com toda carga de recalcamento que separa seu estado infantil do estado atual. (Masson, 1986, p. 273)

O que a princípio se ordenou como fracasso, terminou por jogar Freud na glória de ser um dos maiores pensadores sobre a natureza humana.

As questões sobre a realidade ou fantasia das cenas de sedução na infância, no entanto, não se dissiparam completamente com o abandono da "neurótica". Rodrigué (1995) aponta que, após Freud, foi Ferenczi o autor que mais abordou a teoria da sedução, tema que foi, inclusive, um dos motivos da divergência tardia entre esses dois homens.

Bem mais tarde, Laplanche (1988) irá retomar a questão da teoria a sedução, mas numa outra perspectiva, como apontaremos.

Laplanche e a teoria da sedução generalizada

O tema da sedução reaparecerá, com muita força, a partir da publicação das cartas de Freud a Fliess, nas quais podemos acompanhar o fio que levou o pai da psicanálise a deixar de lado a Teoria da Sedução Precoce. Tal abandono livrou o pai da histérica da pecha de ser o sedutor perverso que adoeceria seus filhos, mas, caso isso tivesse efetivamente ocorrido (e é plausível), as cenas de sedução infantil e de sedução precoce terminariam por evocar uma outra cena de sedução, que Laplanche (1988) vai chamar de originária, no contexto do que denominará de Teoria da Sedução Generalizada. Desse modo, "O pai, grande personagem da sedução infantil, cede lugar à mãe, essencial-mente na relação pré-edipiana. A sedução é aí veiculada pelos cuidados corporais prodigalizados à criança". Por meio dela, a mãe inscreve no corpo/psiquismo do seu bebê os significantes enigmáticos que dizem respeito à sexualidade. Diz Laplanche (1988):

> Pelo termo sedução originária qualificamos, portanto, esta situação fundamental na qual o adulto propõe à criança significantes não verbais tanto

quanto verbais, e até comportamentais, impregnados de significações sexuais inconscientes. . . . A sedução originária quer dizer que é a presença de um maior sentido, mas de um maior sentido escondido, ignorado, que é o próprio mecanismo de toda sedução, quer seja precoce, infantil, adulta etc. O estupro de uma criança por seu pai, as carícias eróticas de uma mãe só são sedutoras porque veiculam o enigma do desejo inconsciente do adulto. (p. 119, 123)

A sedução estaria aqui na origem da própria constituição da subjetividade, sendo efetivada a partir do acolhimento do bebê num ambiente que lhe dispensa cuidados corporais, e, ao fazê-lo, propõe enigmas que escapam, inclusive, a quem os enuncia – o próprio adulto. Trata-se, portanto, de uma sedução necessária, não perversa, que põe a pulsão em movimento.

A sedução perversa e a "confusão de línguas" em Ferenczi.

A perspectiva da sedução como algo efetivo, praticado por um adulto perverso, causou muita polêmica na psicanálise. Se Freud abandonou-a, a partir da constatação de que era impossível que todos e absolutamente todos os pais de seus pacientes neuróticos fossem pervertidos, ficou a questão de que, entre estes, alguns (incluindo-se também tios, cunhados, governantas ou amigos mais velhos) seriam de fato bolinadores e até estupradores.

Em 1932, Ferenczi apresentou no XII Congresso Internacional de Psicanálise, em Wiesbaden, o texto "Confusão de língua entre os adultos e a criança".

Nesse artigo, retoma a noção de traumatismo psíquico e realça sua origem exterior, que parecia não ser muito levada em conta, principalmente a partir da ênfase na fantasia dada com o abandono da primeira teoria das neuroses, apontando a não necessidade de se articular o trauma apenas com as noções de predisposição e constituição.

A partir da repetição na relação transferencial, Ferenczi defenderá o acolhimento do paciente, com simpatia autêntica e sem hipocrisia profissional, criticando a pose do analista e o exagero na abstinência A confiança advinda dessa atitude, segundo Ferenczi (1992), ". . . estabelece o contraste entre o presente e o passado insuportável e traumatogênico. Esse contraste é indispensável para que o passado seja reavivado, não enquanto reprodução alucinatória, mas como lembrança objetiva" (p. 100).

Ferenczi (1992) insistirá na dimensão de efetividade do trauma-tismo sexual como fator patogênico, apontando que as crianças, mesmo as das famílias respeitáveis, são frequentemente vítimas de sedução sexual e até de estupros, infringidos pelos próprios pais (que buscam um substituto para as suas insatisfações) ou membros da família, tais como tios, tias, avós, além de preceptores e empregados domésticos ". . . que abusam da ignorância e da inocência das crianças" (p. 101). À objeção de que se trataria de pura fantasia das crianças, tal como Freud havia proposto nos idos de 1897, Ferenczi argumenta o grande número de seus analisados que relatam ter praticado atos dessa natureza e também os depoimentos de educadores.

Ferenczi (1992) passa, então, à sua teorização sobre a confusão de línguas, segundo a qual há um adulto e uma criança que se amam; a criança tem fantasias lúdicas, inclusive de desempenhar um papel maternal para o adulto, assim,

> O jogo pode assumir uma forma erótica, mas conserva-se, porém, sempre no nível da ternura. Não é o que se passa com os adultos se tiverem tendên-cias psicopatológicas . . . Confundem as brincadeiras infantis com desejos de uma pessoa que atingiu a maturidade sexual, e deixam-se arrastar para a prática de atos sexuais sem pensar nas consequências. (p. 102)

Ainda conforme Ferenczi (1992), várias serão as consequências para as crianças após esses atos: recusa, ódio, repugnância e uma resistência violenta contra eles até que o medo se instale, pelo fato de as crianças se sentirem física e moralmente sem defesa, visto que sua subjetividade ainda está em formação e seus recursos para dar conta do acontecido ainda são muito limitados. Mesmo assim, o medo pode atingir um grau em que só restará à criança submeter-se e obedecer ao agressor, ". . . esquecendo-se de si mesma e a identificar-se totalmente com o agressor" (p. 102). Nesse processo de identificação com o agressor, a criança também introjeta o sentimento de culpa do adulto violador, o que requalifica o atentado e o ato passa a ser passível e merecedor de punição. Uma enorme confusão se estabelecerá daqui em diante: a criança ficará dividida (inocente e culpada) e com a confiança na sua própria percepção abalada e até desfeita.

Esse quadro se torna mais dramático quando a criança convoca uma terceira pessoa (geralmente a mãe) e conta-lhe o acontecido. A mãe, por sua vez, não leva em conta o relato, desmentindo-o, considerando-o absurdo.

A consequência do desmentido é, segundo Ferenczi, a formação de uma personalidade unicamente de id e do superego, com incapacidade de afirmar-se em caso de desprazer. Uma personalidade à mercê das pulsões e de sua desfusão. A combinação de abuso sexual e desmentido pode produzir o que Ferenczi chama de progressão traumática (patológica) ou prematuração (também patológica), que se expressa nos indivíduos que precisaram amadurecer precocemente tanto para sobreviver ao ambiente como para cuidar desse mesmo ambiente. "Bebês sábios", "bebês psiquiatras", amadurecidos às pressas, como frutas bicadas ou forçadas a amadurecerem antes do seu próprio tempo de maturação.

Dois filmes abordaram a questão da pedofilia de forma profunda e reveladora: *A má educação*, do diretor espanhol Pedro Almodóvar, e *Sobre meninos e lobos*, dirigido pelo americano Clint Eastwood. Deles, selecionamos duas sequências que consideramos emblemáticas para ilustrar o que Ferenczi chamou de confusão de línguas e suas consequências sobre a subjetividade dos envolvidos.

Cena 01

Dois garotos, estudantes de um colégio interno católico, descobrem-se apaixonados. Amor, amizade, sexo e um pouco de culpa são os ingredientes desse romance até que entra em cena um terceiro personagem: o padre diretor da escola, o qual ama um desses garotos com paixão e termina por expulsar o segundo, que se colocava como um impedimento ao seu projeto.

O garoto expulso, que se denominava um hedonista agnóstico, faz uma "escolha" homossexual e cuida de sua própria a vida. Torna-se um cineasta reconhecido e retoma seu passado na escola a partir da visita do seu suposto amigo de internato. Com o desenrolar da história, descobrimos que o garoto que ficou no colégio se tornou um travesti, viciado em drogas pesadas, e que agora, já adulto, planeja uma vingança contra o padre molestador.

Há uma cena muito emblemática das dificuldades enfrentadas pelo garoto naquela ocasião: após ser molestado, ele sai em desabalada carreira e cai, machucando-se; assim, graças a um recurso cinematográfico especial, seu rosto divide-se em dois, o que nos remete a uma dissociação profunda naquele garoto a partir de então.

Cena 02

Três garotos com idades entre nove e onze anos brincam de jogar hóquei numa rua de um subúrbio de Boston. A bola cai num bueiro e eles tentam resgatá-la, quando observam o cimento fresco da calçada e imediatamente resolvem escrever seus nomes para a posteridade. Jimmy e Sean assim o fazem e, enquanto Dave tenta completar o seu, um homem maduro desce de um grande carro escuro e passa-lhes um sermão sobre destruição do patrimônio público e delinquência, sendo observado por um outro homem mais velho que se manteve dentro do carro. Do alto de sua autoridade de adulto, só resta aos garotos reconhecer seu pequeno delito e se submeter a alguma sanção deste mesmo mundo que poderia certamente vir de seus pais.

No entanto, os dois homens resolvem levar Dave, que fica sobre seus domínios durante quatro dias, sendo abusado sexualmente até conseguir fugir e retornar para casa.

Mais de vinte anos depois, os três colegas reencontram-se em torno de uma tragédia abatida sobre Jimmy, cuja filha de dezenove anos foi brutalmente assassinada e o crime será investigado por Sean, hoje um policial atormentado por um casamento desfeito. E aqui as cicatrizes serão reabertas como feridas em carne viva.

Dave está casado, tem um filho tristonho e passa a ser o principal suspeito da morte da filha de Sean. Essa falsa via nos conduzirá aos corredores escuros da vida de um adulto atormentado por uma experiência traumática que o jogou numa vida de zumbi, ou de vampiro, como ele mesmo prefere chamar. Um Dave morto, que não pode mais confiar em sua própria mente, que fingiu que aquilo o acontecido no passado envolvera outra pessoa e também não sabe quem saiu daquele porão, mas certamente não foi mais ele.

Ambos os filmes, cada um ao seu modo e estilo, expõem grandes dificuldades deixadas por uma experiência traumática difícil, talvez pudéssemos dizer que impossível de ser elaborada completamente, pois ali tínhamos a sexualidade passional genital de um adulto invadindo a ternura da criança, o qual entendeu como sendo uma demanda da ordem da paixão o que era da ordem da ternura para Ferenczi.

Foi graças a muitas dúvidas, despertadas inclusive a partir de um dado estatístico (haveria em Viena tamanha quantidade de pais perversos, bolinadores e estupradores de seus próprios filhos?), que Freud abandonou a sua primeira teoria sobre a etiologia da neurose em 1897 e, assim, pôde inventar efetivamente a psicanálise. Desse modo, a psicanálise deixou de ser caso de polícia e tornou-se uma terapêutica eficiente para as neuroses.

Polêmicas à parte (como a levantada por Masson e Laplanche), a sedução (efetiva/perversa, originária/constitutiva, fantasiada/desejada) engrossou o caldo das discussões entre os psicanalistas. Ferenczi adicionou muita pimenta nesse caldo porque talvez tenha ouvido muito mais de seus pacientes que abusaram de crianças do que daqueles que foram abusados, diferentemente dos relatos dos pacientes de Freud. Seria Budapeste uma cidade mais promíscua que Viena?

Sabemos, a partir de Ferenczi, que o desmentido do relato da criança é peça chave para a sensação de irrealidade e de desconfiança, cuja percepção a criança começa a ter a partir daqui. A certeza da mãe da criança de que aquela cena (de sedução ou estupro) nunca aconteceu pode produzir o desmentido na medida em que ela realmente aconteceu. No entanto, se não aconteceu, sendo fruto da imaginação da criança, e é tomada como efetiva, teremos uma série de desdobramentos sobre as vidas reais dos adultos envolvidos, como ficou tragicamente descrito no livro de Ian McEwan transformado em filme dirigido pelo cineasta inglês Joe Wright, no qual uma garotinha de doze anos relata ter observado uma cena de estupro praticada por um de seus empregados, envolvido emocionalmente com a irmã mais velha e correspondido por ela. A tomada da fala da garota como a verdade dos fatos, sem uma investigação mais aprofundada, detona uma série de eventos trágicos que inviabilizarão os projetos de vida de seus protagonistas.

O filme *Dúvida*, do diretor John Patrick Schanley, baseado em seu próprio livro, desenvolve-se expondo as consequências advindas de se ter uma convicção inabalável a partir de indícios, sem a possibilidade de estes serem questionados, tornando-se provas contundentes por si só.

Na trama, cujo cenário é um tradicional colégio católico nos Estados Unidos, temos um verdadeiro combate entre um padre progressista e uma freira apegada aos valores tradicionais. Há uma suspeita, despertada por uma noviça, de que o padre tem uma relação imprópria com um dos alunos (único negro da escola, além de pobre). A freira mais velha, diretora da escola, convence-se de que seu colega abusa do menino e segue convicta, mesmo sem a confissão e provas efetivas contra o padre. A certeza da Irmã Aloysious é inabalável, e sua investigação segue na direção de confirmar sua convicção, nem que para isso ela precise mentir.

A constituição de um espaço para a dúvida parece-nos ser fundamental, ainda que haja sempre a possibilidade de as cenas terem ocorrido tal como a criança relatou ou não (tratar-se de uma fantasia). Os planos da realidade e da fantasia são, a partir da dúvida, contemplados igualmente, e abrem-se outras possibilidades discursivas, sem a necessidade de se cair no puro papel de detetive ou, bem ao contrário, de não se levarem em conta sinais evidentes de que a criança está submetida ao abuso.

Referências

Anzieu, D. (1989). *A auto análise de Freud e a descoberta da psicanálise.* Porto Alegre: Editora Artes Médicas.

Ferenczi, S. (1992). Confusão de língua entre os adultos e a criança. In *Obras completas* (vol. IV, p. 97-106). São Paulo: Martins Fontes.

Laplanche, J. (1988). *Teoria da sedução generalizada e outros ensaios.* Porto Alegre: Artes médicas.

Masson, J. M. (Org.). (1986). *A correspondência de Sigmund Freud para Wilhelm Fliess.* Rio de Janeiro: Imago.

Rodrigué, E. (1995). *Sigmund Freud – o século da psicanálise.* São Paulo: Escuta.

15

Das atrocidades de um homem comum: reflexões sobre o caso Eichmann

Rafaela Duque de Andrade

O nazismo, fenômeno político-social ocorrido durante a Segunda Guerra Mundial, gerou impacto na humanidade e colocou em evidência a capacidade destruidora do homem. Estima-se que foram massacradas cerca de 6 milhões de pessoas, mais da metade através das câmeras de gás. As condições políticas, econômicas e sociais da época provavelmente não voltarão a se repetir de uma maneira que favoreça a produção de um fenômeno idêntico, porém o ocorrido deixou marcas profundas de horror e de indignação na humanidade. O estudo sobre o Holocausto possui relevâncias histórica, política, social e psicológica, na medida em que possibilita reflexões sobre os limites da violência e da crueldade humana. Tal fato motivou a seguinte questão: o que levou homens e mulheres a cometerem crimes brutais contra seus semelhantes? Este trabalho se propõe, a partir do caso de Adolf Eichmann[1], a uma reflexão sobre as práticas do regime totalitário e suas possíveis consequências. Para tanto, refletiremos a partir de duas concepções: de um lado, uma concepção social e filosófica, baseada nas ideias de Hannah Arendt sobre o totalitarismo, a banalidade do mal e seus efeitos, e, de outro lado, um entendimento a partir de uma concepção de funcionamento do registro psíquico humano, ancorada na teoria freudiana, especificamente sobre os conceitos de narcisismo, identificação e os movimentos de grupos.

---

[1] Tenente-coronel da Schutzstaffel (SS).

É possível pensar em um possível ponto de interseção entre as ideias de Freud e Hannah Arendt em relação a Eichmann: a perda da alteridade. De um lado, essa perda é acompanhada da falta do pensar e do julgar – fundamentais à liberdade –, decorrente de um regime totalitário, conforme apontado por Arendt, e, de outro, é efeito da extrema idealização na instância ideal do eu, descrito na obra de Freud *Psicologia de grupo e análise do ego*, de 1921, resultando em servidão, com anulação da instância crítica do eu e da perda de investimento no próprio eu. Na tentativa de uma interface entre a filosofia de Hannah Arendt e a psicanálise de Freud, no decorrer deste artigo, temos como resultado um campo plural e enriquecedor para a fomentação de entendimentos e de reflexões sobre a pluralidade e a singularidade das ações humanas.

Adolf Eichmann e a banalidade do mal: um homem comum, demasiadamente comum

Enviada pelo jornal americano *The New Yorker* para Jerusalém em 1961, para acompanhar o julgamento de Adolf Eichmann, Hannah Arendt produziu um relato crítico e intenso sobre o julgamento de um dos últimos nazistas capturados, publicado em 1963 sob o título *Eichmann em Jerusalém: um relato sobre a banalidade do mal.*

Arendt destaca que a expectativa de todos antes do julgamento era encontrar um monstro, perverso e sádico, como tantos carrascos da época nazista, tais como Josef Mengele (conhecido como o Anjo da Morte por fazer experiências médicas com seres humanos em Auschwitz) e Klaus Barbie (conhecido como o açougueiro de Lyon). Entretanto, na percepção de Hannah Arendt, encontraram ali um homem comum, um bom pai e marido, para surpresa e horror de muitos, o que aterrorizou a todos, pois vários se identificaram com ele. Então, como poderia um homem comum, com estudos e boas relações familiares, ter organizado

Das atrocidades de um homem comum: reflexões sobre o caso Eichmann

e executado um projeto de extermínio de seus semelhantes? Essa é a questão central do livro, no qual a autora introduz um de seus conceitos mais conhecidos: a banalidade do mal (Arendt, 1999).

Arendt faz uma análise detalhada e crítica sobre a vida de Eichmann. Ela o descreve como um homem banal, de pouca inteligência, sem consistência, que baseava seus argumentos em clichês burocráticos e parecia ter uma personalidade superficial. Considerava-o um funcionário mediano, honesto e obediente, incapaz de descumprir uma ordem. Observou que Eichmann não tinha grandes convicções ideológicas nem engajamento político.

Eichmann, no início de sua carreira profissional, contou com a ajuda do pai, que sempre lhe arrumava emprego. Trabalhou na Companhia de Óleo a Vácuo como vendedor viajante por cinco anos e meio, e não estava nem um pouco satisfeito com seu trabalho, sendo demitido em 1932. Nesse mesmo ano, Eichmann filiou-se ao Partido Nacional Socialista e ingressou na SS (polícia dedicada à segurança de Adolf Hitler) a convite de um amigo advogado de seu pai. Filiou-se ao partido sem convicção; não conhecia sequer seus projetos (Cesarai, 2004).

Em 1933, com a ascensão de Hitler ao poder, todos os afiliados do partido nazista foram suspensos, e Eichmann mudou-se para Passau, onde voltou a trabalhar como vendedor viajante. Aconselhado a se alistar ao exército, ficou por catorze meses em treinamento em um campo militar. Em 1934, candidatou-se ao Serviço de Segurança da Reichsführer, denomidada SD, uma espécie de departamento de inteligência e de segurança do governo Hitler.

Ao ingressar no novo emprego, Eichmann ocupou um cargo no departamento de informação, no qual arquivava documentos sobre a maçonaria, ajudando a montar um museu sobre o assunto. Ficou no mesmo departamento por cinco meses, quando foi transferido para o departamento especializado em judeus. Eichamann não suportava mais o trabalho monótono e estava feliz por sua transferência; sentia-se novamente entusiasmado com sua carreira. Nesse mesmo período, casou-se com Veronica Liebl, de quem era noivo há quatro anos.

Nesse novo departamento, Eichmann era encarregado de pensar as políticas de convivência entre a população e os judeus. Estudou profundamente o movimento sionista[2] e passou a ser reconhecido como um especialista no assunto. Participou das primeiras ações de emigração forçada dos judeus, e foi condecorado por conhecer os métodos de organização e a ideologia do oponente, o judaísmo. Eichmann estava entusiasmado e sentia-se importante dentro de seu trabalho.

Eichmann denominava-se idealista, pois, segundo seus entendimentos, não era apenas um homem que acreditava em uma ideia, mas vivia para ela, e seria capaz de sacrificar tudo e todos. Afirmou em seu interrogatório à polícia que estaria disposto a mandar matar seu próprio pai se isso lhe tivesse sido exigido.

A filósofa conclui que tal tipo de criminoso desafia julgamentos e não concorda com a morte como punição. Eichmann estava aprisionado no regime nazista e na política totalitária de tal regime. Assim, ela afirma que não o condenaria em virtude de um conjunto de formulações: não o considerava inteligente, parecia não ter convicções políticas e estava intensamente comprometido a obedecer às ordens e às leis de Hitler. Arendt foi muito criticada por essa postura, e seu livro causou muita polêmica. Eichmann foi condenado à morte e enforcado em junho de 1962.

Os últimos momentos de vida de Eichmann foram descritos com muita sutileza e acidez, propiciando a Arendt um testemunho encarnado de seus pensamentos. Durante o enforcamento, a autora (1999)

---

[2] Movimento nacionalista judaico, foi responsável pela criação do estado moderno de Israel como a pátria judaica. Embora geralmente atribuído a Theodor Herzl, no século XIX, e a outros grupos, os precedentes do sionismo remontam ao início da diáspora judaica, o Exílio babilônico do século VI a.C.

Das atrocidades de um homem comum: reflexões sobre o caso Eichmann

descreve Eichmann como ". . . bastante controlado e calmo, e estava sendo ele mesmo" (p. 274). Fez, então, um último discurso, falando que não acreditava na vida após a morte e que não era cristão (dizeres comuns entre os nazistas), e continuou: ". . . dentro de pouco tempo, senhores, iremos encontrar-nos de novo. Esse é o destino de todos os homens. Viva a Alemanha, viva a Argentina, viva a Áustria. Não as esquecerei (p. 274).

Arendt comenta sobre as últimas palavras de Eichmann:

> No cadafalso, sua memória lhe aplicou um último golpe: ele estava "animado", esqueceu-se de que aquele era seu próprio funeral. . . . Foi como se naqueles últimos minutos tivesse resumido a lição que este longo curso de maldade humana nos ensinou – a lição da temível banalidade do mal, que desafia as palavras e os pensamentos. (1999, p. 274)

Observamos que Eichmann foi convocado, em virtude de sua função na SD, a aderir às práticas e aos pensamentos nazistas. Pode supor-se que ele não parou para refletir sobre suas escolhas: seu foco era cumprir ordens para satisfazer seus superiores e a si mesmo. De certa forma, Eichmann isolou-se da realidade que não fosse o nazismo, e a incapacidade de refletir sobre seus atos reforçou esse afastamento da realidade. É como se o estado de não pensar tivesse feito Eichmann agarrar-se às regras do nazismo, habituando-se à obediência, o que possibilitaria que pessoas comuns, tais como ele próprio, cometessem crimes bárbaros sem se dar conta do que estavam fazendo. Arendt o classifica como um assassino burocrata, e institui-o como um grande exemplo da banalidade do mal.

O nazismo propiciou, em sua política totalitária, a execução da violência pela prática de crimes contra a humanidade, sustentado, por sua ideologia totalitária, pelo terror e pela violência. Nessa dinâmica,

Eichmann era mais um na engrenagem do nazismo, na qual o maior objetivo não era apenas a dominação dos judeus, e sim uma coisificação destes, e aniquilá-los era somente mais uma atividade entre tantas outras. Eichmann atuava apenas um instrumento que tornava possível a pulverização dos judeus. O mal estava assim instrumentalizado, burocratizado, banalizado.

Podemos pensar que Hannah Arendt refletiu, por meio de uma compreensão filosófica e social, que o "cidadão" dessa sociedade totalitária e burocrática é um homem que atua sob ordens e está privado de pensar por si mesmo, pois se encontra imerso em uma política de terror, que prega a massificação das pessoas, de seus pensamentos e de suas ações. Passemos, então, a refletir acerca do totalitarismo, sobre o qual Hannh Arendt nos ilumina com suas ideias e formulações.

Hannah Arendt e o totalitarismo

Foi no livro *As Origens do Totalitarismo*, publicado pela primeira vez em 1951, que Arendt expôs suas ideias sobre esse tema central em sua obra. Assim, propõe que a gênese do totalitarismo reside no antissemitismo moderno e no imperialismo, os quais impulsionaram a instauração do totalitarismo na sociedade europeia no século XX, culminando na Segunda Guerra Mundial. Ela fez um estudo profundo sobre o antissemitismo e o imperialismo, refletindo sobre os fatos ocorridos na Alemanha nazista e na Rússia de Stálin.

Arendt compreendia que o regime totalitário era baseado em dois instrumentos de poder: a mentira e o conceito de inimigo objetivo. Desse modo, pregava, por meio da propaganda, sua versão da verdade, deturpando os fatos para que coubessem em sua ideologia. O uso do terror por intermédio da coerção da polícia garantia que todos estivessem de acordo com as "verdades" do regime. Essa atuação conjunta da coerção e da força policial gerou na sociedade um clima constante de suspeita, e deu subsídios para o surgimento do conceito de inimigo objetivo (Lafer, 2003).

O inimigo objetivo consiste em um grupo que discorda da verdade oficial, e a decisão sobre quem fazia parte desse grupo dissidente (ou não) dependia apenas dos critérios do líder totalitário. Assim, o clima de suspeita era constante e todos passavam a ser possíveis inimigos objetivos. O terror e a violência estavam a serviço da administração das massas, e a burocracia instrumentalizava, sustentava e encobria (ao deturpar as informações para a população sobre fatos ocorridos) a ação da polícia secreta, que detinha os inimigos e os enviava para os campos de concentração.

Segundo Arendt (1973), o mecanismo de ação do totalitarismo é de destruir toda a tradição de um país, tais como as sociais, legais e políticas, com vistas a implementar práticas e políticas novas e desconhecidas de todos. Portanto, para o líder totalitário só existe uma verdade, e esta sempre atende às necessidades de seu poder. Por meio do terror e da violência, podemos compreender que os indivíduos vivendo sob o nazismo eram impedidos de agir e pensar livremente, pois os espaços que garantiam sua expressão e sua singularidade estavam aniquilados em nome de uma só verdade: a do regime totalitário. Observa-se aqui o radical ataque à pluralidade dos homens que, segundo Arendt (2007), é a condição indispensável para a construção do espaço público, onde eles se expressam e se reconhecem mutuamente, mediante a ação e a palavra, praticando o exercício da criatividade e da liberdade, e legitimando-se como um ser singular.

À luz dessas reflexões, os indivíduos que integravam o nazismo faziam parte de uma grande massa que vivia sob a tutela do regime nazista, no qual os espaços para o pensar e o agir estavam eliminados, mantendo-os isolados de uma realidade diferente do regime. Ou seja, pensar e agir em desacordo com o nazismo tornava-se uma tarefa difícil, pois a força do pensamento ideológico de coerção da política nazista era tamanha que propiciava um aprisionamento ao mundo e ao sistema totalitário. Esse isolamento impedia a sustentação de um espaço público que permitisse a expressão e o compartilhamento de ideias. A falta de tal espaço dificulta o exercício do senso crítico e possibilita a massificação do pensamento, que passa a ser regido pelos princípios do líder (Arendt, 2007).

Conforme o discutido anteriormente, Adolf Eichmann constitui--se um referencial e um ponto de partida interessante para a tentativa de compreender a administração burocrática de pessoas e sua relação com o exercício do senso crítico e sua vinculação com a política nazista. Como poderíamos entender esse mesmo fenômeno por meio das ideias de Freud?

Freud e a psicologia das massas

Freud, em seu texto sobre *Psicologia de grupo e análise do ego*, de 1921, trata de questões referentes a formações, características e natureza das relações de grupos, e cita as ideias de Gustav LeBon, psicólogo e sociólogo francês que estudou a psicologia das massas.

Diz LeBon que o grupo exerce o poder de deixar o homem "mais primitivo", pois possui a capacidade de diminuir sua faculdade intelectual, permitindo que impulsos instintuais inconscientes se manifestem. Sob essas condições, a verificação da realidade cai para o segundo plano, em detrimento da força dos impulsos inconscientes, e o sujeito passa a agir diferentemente de quando não está sob a influência do grupo.

Segundo LeBon, em toda formação de grupo, instintivamente, um líder/chefe é escolhido, o qual deve ajustar-se ao grupo por suas qualidades pessoais, ser movido por uma fé, possuir vontade forte e ser imponente. O prestígio do líder tem o poder de paralisar a faculdade crítica dos componentes do grupo, pois fascina as pessoas e cativa nelas sentimentos de admiração e de respeito.

À luz dessas ideias, o argumento de Eichmann (quando falava em sua defesa, em seu julgamento) de que estava apenas cumprindo ordens faz todo sentido, pois suas capacidades intelectuais e características de personalidade estavam alteradas, segundo as ideias de LeBon, favorecendo o cumprimento de ordens sem questionar as consequências. Podemos pensar que o que foi experienciado por Eichmann no grupo fez com que ele estivesse desprovido, por assim dizer, de pensar, refletir e questionar.

Freud, após discorrer sobre os principais pontos da teoria de LeBon, destaca a importância que a libido possui na formação de um grupo, e que seria, portanto, uma parte essencial da atividade mental do grupo. Afirma que, se um indivíduo abandona sua singularidade em um grupo e permite que seja influenciado pela sugestão, faz isso por necessidade de estar em harmonia com o grupo, talvez o faça por amor a ele ou pela necessidade de receber seu amor. Freud destaca que o grupo é unido pelo poder de Eros, do amor, que tudo une (Freud, 1996).

Ao falar de diferentes tipos de grupo, Freud define o exército e a igreja como grupos artificiais, pois uma força externa impede os membros de se desagregarem, as pessoas não são consultadas sobre se desejam ingressar nele, e, quando ocorre a tentativa de saída, geralmente acontecem perseguições ou severas punições. Interessa aqui destacar o exército, já que a organização deste se assemelha muito à estrutura de poder de Hitler.

Segundo Freud, no exército, existe a ilusão de que o líder ama a todos de forma igual, e os semelhantes seriam seus camaradas. Os membros desse tipo de grupo estão ligados afetivamente ao líder e uns aos outros, em dois tipos de ligação afetiva que comprometem a liberdade do indivíduo num grupo (Freud, 1996).

Sobre os processos de identificação, Freud afirma que a identificação é o laço emocional mais primitivo que uma pessoa estabelece com outra, e, dentre os tipos, destaca-se aqui aquele que ocorre na ausência de investimento sexual. Roudinesco e Plon falam que

> ... trata-se então do produto da capacidade ou (da) vontade de colocar-se numa situação idêntica à do outro ou dos outros. Em uma situação de grupo, o laço mútuo entre os membros é de uma identificação baseada numa importante qualidade emocional comum, qualidade comum que tem na natureza do laço com o líder. Essa qualidade é o que liga os membros do grupo ao líder. O líder passa a ficar na posição de ideal do eu pelos membros do grupo. (1997, p. 364)

Segundo Silva (2002), Freud não fez uma distinção clara entre ego ideal e ideal de ego, e são os autores pós-freudianos que se debruçam sobre tal distinção. Apesar de apresentarem algumas diferenças conceituais, esses autores afirmam que o ego ideal seria uma instância primária e arcaica, criada a partir de um ideal onipotente. Para Lagache (citado por Roudinesco & Plon, 1997), o ego ideal reflete a identificação primária com a mãe, que é investida de onipotência. Seria também um suporte para a identificação heroica (uma admiração apaixonada por grandes personagens), salientando o caráter sadomasoquista dessa instância, em que ocorre a negação do outro para o enaltecimento de si.

Já o ideal do ego é uma instância aberta para alteridade, o qual reconhece as falhas egoicas e busca um ideal fora de si, colocando-se muito mais como um apelo do que uma exigência de funcionamento, como um ideal a ser alcançado, presente no horizonte de busca do sujeito e que admite que esse ideal nunca será atingido plenamente.

Silva (2002) diz que a distinção entre ego ideal e ideal de ego é importante, pois a predominância de uma das instâncias poderá implicar diferentes modos de subjetividade. Sobre esse assunto, Joel Birman (citado por Silva, 2002) diz que uma subjetividade seria mais autocentrada (ego ideal) e a outra, descentrada (ideal do ego), orientada para a alteridade. Esse autor segue dizendo que a distinção entre essas duas instâncias se dá por um longo processo psíquico e histórico, até que o ego ideal se transforme em ideal do ego, e esse processo de transformação define o que Freud chamou de Complexo de Édipo, o qual seria regulado pela angústia de castração.

Ainda no exercício de refletir sobre os ideais na formação do eu, o entendimento sobre a relação entre paixão amorosa e os ideais pode ajudar. Sobre essa relação, Freud afirma que o ego ideal é importante quanto à determinação das escolhas amorosas, pois é pela identificação do objeto da paixão amorosa com o ego ideal que pode ocorrer o enaltecimento e a supervalorização do objeto durante o investimento passional. Numa dimensão econômica, a libido trasborda do ego em direção ao objeto, saindo da libido narcísica para a libido objetal. Na sua dimensão dinâmica, o objeto deverá realizar o ideal que o sujeito tinha (Silva, 2002).

Pode-se pensar que, na experiência de uma pessoa em um regime totalitário, tal como Eichmann viveu, ocorre uma intensificação dos valores do objeto em detrimento dos valores do próprio ego, acarretando uma diminuição do amor próprio e, assim, indicando uma limitação do narcisismo. Com isso, a instância crítica do ideal do ego fica silenciada, pois coloca o objeto da admiração (Hitler e suas ordens, na ocasião) no lugar de ideal; desse modo, a ausência de crítica levaria a uma anulação do próprio ego em detrimento do objeto da idealização. A exacerbação extrema dessa idealização sustenta a fascinação e a servidão.

Podemos refletir que o ambiente onde Eichmann vivia contribuiu para a formação e a sustentação desse ideal do eu. O ambiente Nazista, sustentado pelo líder Hitler, alimentava as idealizações dos seus subalternos de tal forma que ele estava no lugar do grande ideal, orientando a todos e, ao mesmo tempo, unindo-os em torno do ideal nazista. Ao pregar ideias de não reconhecimento dos judeus como humanos, Eichmann e muitos de seus companheiros estavam impedidos de se identificar com eles, e mandá-los aos milhares para morte não constituiria um ato criminoso, mas, sim, um ato como outro qualquer, já que estavam fazendo pelo Führer e por seu amor.

Assim, a manutenção desse ideal propiciava que a dinâmica do regime nazista estivesse sempre mantida, como um ciclo que se autoalimenta. Hitler enaltecia as ideias de eugenia e nacionalismo, as quais ecoavam entre os membros do regime, mantendo-os ligados ao líder, ligados também uns aos outros e, acima de tudo, ao regime nazista.

Contribuições finais

A Segunda Guerra Mundial terminou em 1945, mas suas consequências permanecem vivas na história da humanidade. Apesar de tal período ter deixado suas marcas de horror, serviu-nos de palco para teorizações e reflexões sobre a relação entre o regime totalitário e seus efeitos.

Podemos supor que os efeitos do regime nazista em Eichmann não propiciaram, de um lado, condições para novas identificações, e, por outro lado, impediam-no de pensar e agir livremente. Em ambos os casos, as consequências são não só um aprisionamento do sujeito em seu ideal e na incapacidade de se reconhecer na alteridade, mas também um aprisionamento do sujeito em suas práticas, que se tornam banais, sejam elas quais forem. Em ambas as compreensões, não houve espaço para o novo, para o espontâneo, para o reconhecimento de outros, para a palavra.

O nazismo instaurou na sociedade alemã a cultura do hábito, do previsível, da estimulação ao não pensar, contituindo-se um eterno aprisionamento ao passado, sem a expectação de um futuro desejável e imprevisível. Pelas palavras de Arendt, ". . . o hábito é o eterno ontem e não tem futuro. Seu amanhã é eterno ontem" (1996, *apud* Costa, 1997, p. 1).

Para Costa (1997), a "saída" desse aprisionamento ao regime totalitário estaria na palavra, pois nela ". . . encontra-se a possibilidade do 'recomeço', única alternativa ao ciclo do eterno retorno" (p. 1). É também pela função da palavra que os dois autores se aproximam. Nessa proposição, tanto para Freud como para Arendt, a palavra possui uma função fundadora, que possibilita o novo, configurando sentidos inéditos para os sujeitos, rompendo com o ciclo do previsível, mediando o que já foi com o que será, permitindo o surgimento do imprevisível, do inédito, pois são inerentes à vida humana.

Não poderemos saber ao certo o que realmente se passou com Eichmann e tantos outros que experienciaram o nazismo. Podemos apenas refletir baseados em relatos históricos, sempre numa tentativa de compreender o que aconteceu. Compreender aqui entendido como um esforço de elucidar algo que não tem um sentido objetivo, mas, sim, múltiplos sentidos. Pelas palavras da própria Arendt (1973):

> Compreender não significa negar os fatos chocantes . . . Significa, antes de mais nada, examinar e suportar conscientemente o fardo que o nosso século colocou sobre nós – sem negar sua existência, nem vergar humildemente ao seu peso. Compreender significa, em suma, encarar a realidade sem preconceitos e com atenção, e resistir a ela – qualquer que seja. (p. 11)

O nazismo, mesmo após anos do término da Segunda Guerra Mundial, aparece-nos muitas vezes tão rico e cheio de perguntas, indagações e dúvidas sobre o que realmente se passou, que podemos considerá-lo um assunto que está sempre se atualizando, levando-nos a perguntar se um dia chegaremos a entender (por completo) o que ocorreu.

Por tanto, a interface das ideias filosóficas de Hannah Arendt com as ideias psicanalíticas de Freud expande, para além do campo psicanalítico, as compreensões sobre os limites da violência e da crueldade humana evidenciadas pelo nazismo, contribuindo para pluralidade e a democracia do conhecimento.

Referências

Arendt, H. (2007). *A condição humana.* (10a ed.). Rio de Janeiro: Forense Universitária.

Arendt, H. (1999). *Eichmann em Jerusalém: Um relato sobre a banalidade do Mal.* São Paulo: Companhia das Letras.

Arendt, H. (1973). *Origens do totalitarismo.* (2a ed.) São Paulo: Companhia das Letras.

Barros e Silva, M. H. (2002). *A paixão silenciosa.* São Paulo: Escuta.

Cesarai, D. (2004). *Becoming Eichmann: Rethinking the Life, Crimes, and Trial of a "Desk Murderer".* Cambrige: Da Capo Press Ed.

Freud, S. (1996). *Além do princípio do prazer, Psicologia dos grupos e outros trabalhos* (Coleção Obras Completas de Sigmund Freud, vol. XVIII). Rio de Janeiro: Ed. Imago.

Lafer, C. (2003). *Hannah Arendt: Pensamento, persuasão e poder.* São Paulo: Paz e Terra.

Roudinesco, E., & Plon, M. (1998). *Dicionário de Psicanálise.* Rio de Janeiro: Jorge Zahar Ed.

Sites:

http://mb-soft.com/believe/ttcm/zionism.htm, acessado em 10/09/2010

http://www.leonildocorrea.adv.br/curso/Arendt4.htm, acessado em 10/09/2010

http://principiodoescrever.com/2010/09/17/resenha-eichmann--em-jerusalem-uma-visao-critica-sobre-o-holocausto/, acessado em 17/09/2010

http://grupopapeando.wordpress.com/2009/04/17/hannah-arendt-e--a-banalidade-do-mal/, acessado em 29/11/10.

http://jfreirecosta.sites.uol.com.br/, acessado em 05/10/2010.

Sobre os Autores

Ana Elizabeth Cavalcanti

Psicóloga, psicanalista, sócia do CPPL e do Círculo Psicanalítico de Pernambuco e coautora do livro *Autismo: construções e desconstruções*.

Ana Maria Rocha de Oliveira

Psicóloga, psicanalista, sócia do CPPL e do Círculo Psicanalítico de Pernambuco.

Antonio Ricardo da Silva

Psicólogo, psicanalista, sócio do CPPL e do Círculo Psicanalítico de Pernambuco. Especialista em Psicologia Clínica pela Universidade Federal de Pernambuco (UFPE), mestre em Psicologia pela Pontifícia Universideda Católica de São Paulo (PUC-SP) e doutor em Teoria Psicanalítica pela Universidade Federal do Rio de Janeiro (UFRJ).

Bruna Vaz de Almeida

Psicóloga, sócia do CPPL.

Letícia Rezende de Araújo

Psicóloga, sócia do CPPL. Especialista em Psicologia Clínica pela ESUDA/CPPL e mestre em Psicologia Clínica pela Universidade Católica de Pernambuco (UNICAP).

Maria Cicília de Carvalho Ribas

Psicóloga, sócia do CPPL. Doutora em Psicologia Clínica pela Université Paris 5. Professora de Psicologia no Núcleo de Nutrição do Centro Acadêmico de Vitória da Universidade Federal de Pernambuco (CAV-UFPE).

Maria Helena de Barros e Silva

Psicóloga, psicanalista, sócia do CPPL e do Círculo Psicanalítico de Pernambuco. Mestre em Psicologia Clínica pela Universidade Católica de Pernambuco (UNICAP), doutoranda em Psicologia Clínica pela Universidade Católica de Pernambuco (UNICAP) e autora do livro *A paixão silenciosa*.

Paulina Schmidtbauer Rocha

Psicanalista, linguista formada pela Faculdade de Filosofia da Universidade de Zagreb, Croácia, sócia fundadora do CPPL, sócia fundadora do Centro Suvag de Pernambuco, sócia fundadora da Unidade terapeutica (Unite), sócia fundadora e psicanalista do Círclo Psicanálitico de Pernambuco.

Rafaela Duque de Andrade

Psicóloga, sócia do CPPL. Especialista em Psicologia Clínica de Orientação Psicanalítica pelo CPPL/Universidade Católica de Pernambuco (UNICAP).

Valéria Aguiar Carneiro Martins

Psicóloga, psicanalista, sócia do CPPL.

Impresso por :

gráfica e editora

Tel.:11 2769-9056